『あいうえお』から覚える

いちばんやさしい

ハングル練習ノート

監修：石田美智代
Hangul exercise notebook

永岡書店

目 次

PART 1 「あいうえお」で覚えよう
- キホンの母音 ・・・・・・・・・・・ 4
- 「や行」の母音 ・・・・・・・・・・・ 5
- 「わ」の母音 ・・・・・・・・・・・・ 5
- キホンの子音 ・・・・・・・・・・・ 6
- 「ち」と「つ」を表す子音 ・・・・・・ 7
- 書き込み練習(「あ行」〜「ん」) ・・ 8
- 固有名詞を書いてみよう① ・・・・ 28

PART 2 「ぱ」、小さい「ゃ」などを覚えよう
- 「ぱ行」の子音 ・・・・・・・・・・ 32
- 「ちゃ行」の子音 ・・・・・・・・・ 32
- 拗音 ・・・・・・・・・・・・・・・ 33
- 書き込み練習(「ぱ行」〜「りゃ行」) ・ 34
- 濁らない音 ・・・・・・・・・・・・ 44
- 濁る音 ・・・・・・・・・・・・・・ 45
- 書き込み練習(語中の清音「か行」〜「ぱ行」) 46
- 固有名詞を書いてみよう② ・・・・ 52
- あいうえお→ハングル置き換え一覧表 ・・ 65

PART 3 韓国語でしか使わないハングル
- もう1つの「u」「e」「o」 ・・・・・ 66
- ほかにもある「y音」 ・・・・・・・ 66
- ほかにもある「w音」 ・・・・・・・ 67
- 書き込み練習(「u」〜「w」) ・・・・ 68
- 激音 ・・・・・・・・・・・・・・・ 76
- 濃音 ・・・・・・・・・・・・・・・ 77
- 書き込み練習(激音「tʰ」〜濃音「pp」) ・ 78
- 韓国語を書いてみよう ・・・・・・ 92

ハングルの基本

韓国語に使われる文字のことを「ハングル」と呼びます。ハングルは子音と母音のパーツの組み合わせでできている表音文字なので、構成するパーツの音がわかれば、その文字を読むことができるようになります。子音と母音の組み合わせパターンを見てみましょう。

●左右(子音+母音)の組み合わせ

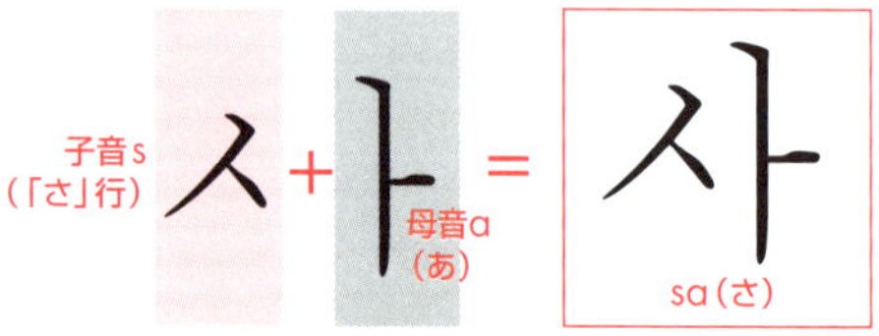

●上下(子音+母音)の組み合わせ

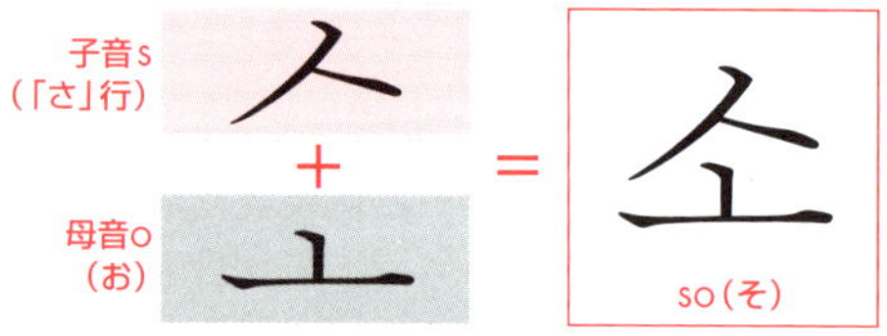

パッチム
左右、もしくは上下に組み合わせた子音と母音の下に、さらに子音がつく場合があります。この、最後につく子音のことを「パッチム」と呼びます。

●左右+子音の組み合わせ

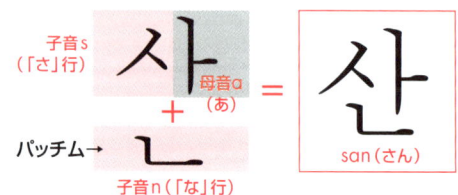

●上下+子音の組み合わせ

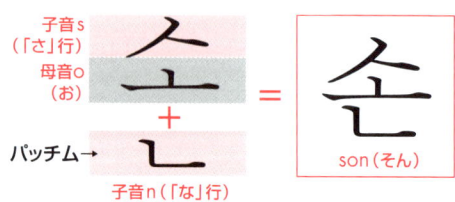

本書の使い方

本書では、韓国語を日本語の「あいうえお」にあてはめ、韓国語の音がないものは代用することで、日本語の固有名詞をハングルで書けるようになることを目標にしています。ハングルの文字と音を書き込みながら覚えていきましょう。

PART 1 では、日本語の50音に近い音のハングルを、PART 2 では拗音「ちゃ、ちゅ、ちょ」などを表すハングルを覚えます（地名や人名を実際に書いてみる練習もあります）。最後にPART 3 で、ほぼ韓国語でしか使われないハングルを覚えれば、韓国語のごく基礎的な文字と音を身につけることができます。

3ステップでハングルをマスター

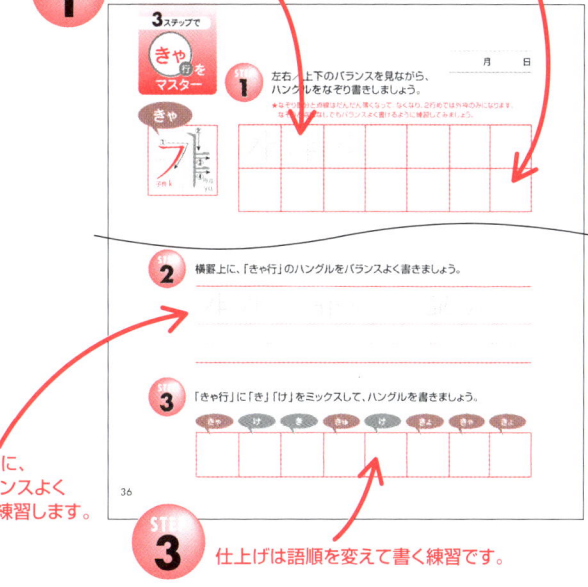

STEP 1 1行めはなぞり書きで始め、2行めは外枠のみに練習します。

STEP 2 中心線を目安に、横罫上にバランスよく書けるように練習します。

STEP 3 仕上げは語順を変えて書く練習です。

●ハングル「あいうえお」一覧表

日本語の50音をハングルで表す場合の一覧表です。PART 1 では、この「あ行」「か行」などの「行」ごとにハングルを覚えていきますので、基本の文字と音をここでひととおり確認しておきましょう。

子音↓ 母音→	あ ト	い ㅣ	う ㅜ	え ㅔ	お ㅗ
あ行 ㅇ	아 あ	이 い	우 う	에 え	오 お
か行 ㄱ	가 か	기 き	구 く	게 け	고 こ
さ行 ㅅ	사 さ	시 し	스 す	세 せ	소 そ
た行 ㄷ	다 た	지 ち	츠 つ	데 て	도 と
な行 ㄴ	나 な	니 に	누 ぬ	네 ね	노 の
は行 ㅎ	하 は	히 ひ	후 ふ	헤 へ	호 ほ
ま行 ㅁ	마 ま	미 み	무 む	메 め	모 も
や行	야 や		유 ゆ		요 よ
ら行 ㄹ	라 ら	리 り	루 る	레 れ	로 ろ
わ	와 わ				오 を

★「す」には、ほかの「う段」とは違う母音を使います（p.66参照）。

★「ち」と「つ」には、ほかの「た行」とは違う子音を使います。また「つ」には「す」と同じ母音を使います（p.7参照）。

★「や行」には、「あ」「う」「お」とは違う母音を使います（p.5参照）。

★「わ」には、「あ」とは違う母音を使います（p.5参照）。

3

「あいうえお」で覚えよう

キホンの母音

韓国語の母音は全部で21個ありますが、まずは日本語の「あいうえお」にあたる5つの母音を覚えましょう。

ちょっと練習

| あ | ㅏ (a) | 日本語の「あ」とほぼ同じ音 |

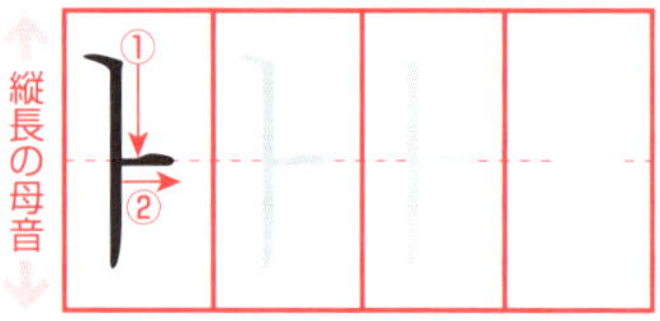

縦長の母音

| い | ㅣ (i) | 日本語の「い」とほぼ同じ音 |

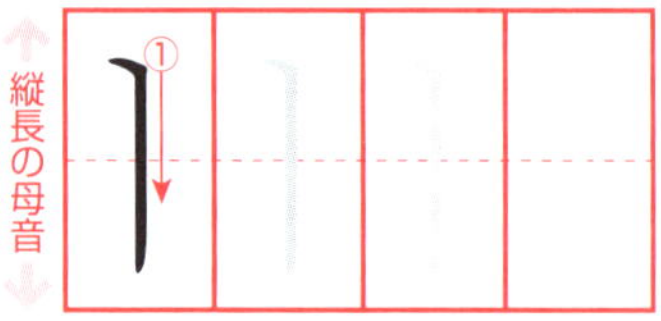

縦長の母音

横長の母音

| う（ちょっと違う） | ㅜ (u) | 口を丸くすぼめて「う」と発音 日本語の「う」に似ている音です。 |

| え | ㅔ (e) | 日本語の「え」とほぼ同じ音 |

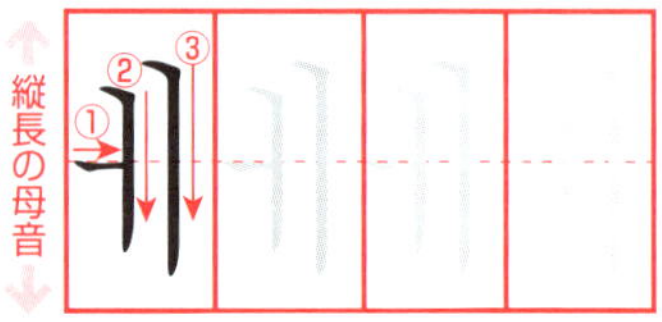

縦長の母音

横長の母音

| お（ちょっと違う） | ㅗ (o) | 口を丸くすぼめて「お」と発音 日本語の「お」に似ている音です。 |

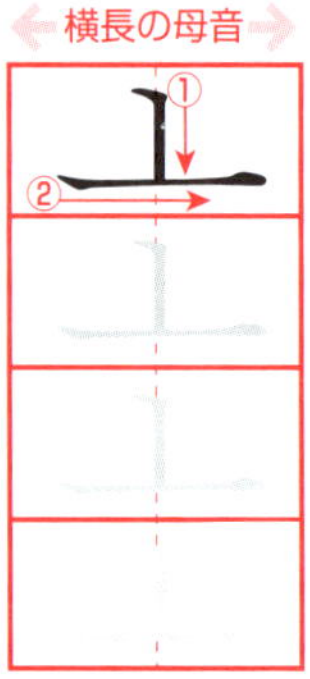

や行の母音

日本語では、「y」は子音として扱われ、母音「a」と組み合わせると「や行（ya、yu、yo）」の音になりますが、韓国語では、「や行」にあたる音は母音として扱われます。

ちょっと練習

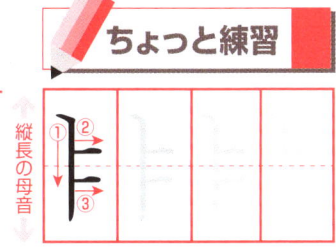

縦長の母音

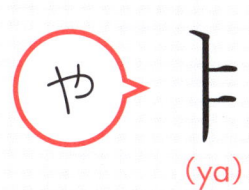

横長の母音

横長の母音

や → ㅑ (ya)

日本語の「や」とほぼ同じ音

母音 ㅏ(a)（あ）に横棒を加えたものです。

ちょっと違う

ゆ → ㅠ (yu)

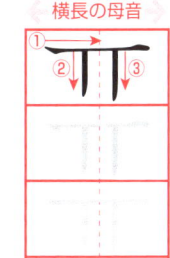

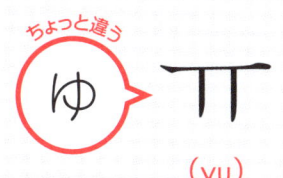

口を丸くすぼめて「ゆ」と発音

日本語の「ゆ」に似ている音です。

母音 ㅜ(u)（う）に縦棒を加えたものです。

ちょっと違う

よ → ㅛ (yo)

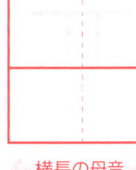

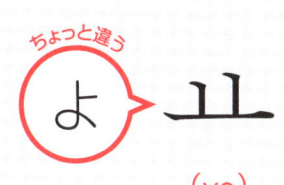

口を丸くすぼめて「よ」と発音

日本語の「よ」に似ている音です。

母音 ㅗ(o)（お）に縦棒を加えたものです。

わの母音

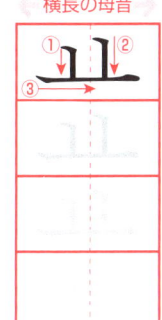

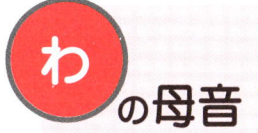

日本語では、「w」は子音として扱われ、母音「a」と組み合わせると「わ（wa）」の音になりますが、韓国語では、「わ」にあたる音は母音として扱われます。

子音はこの部分に組み合わせます

わ → ㅘ (wa)

日本語の「わ」とほぼ同じ音

母音 ㅗ(o)（お）と ㅏ(a)（あ）の組み合わせです。

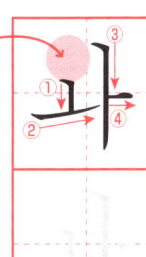

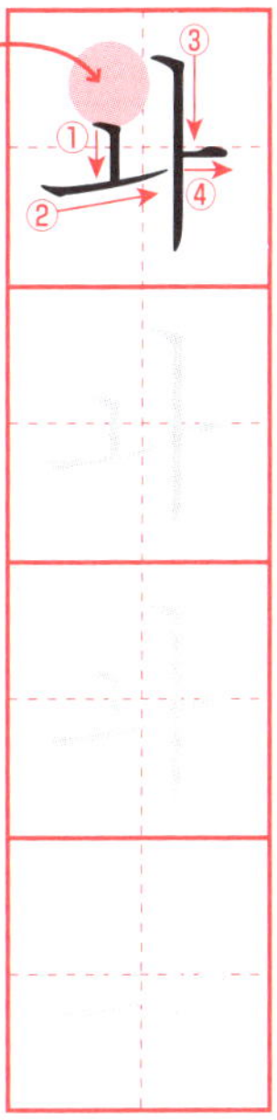

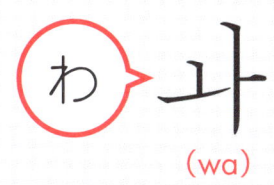

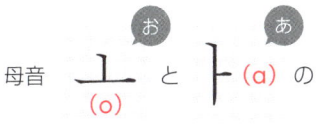

キホンの子音

韓国語の子音は全部で19個ありますが、まずは次の8つを覚えましょう。母音と組み合わせると「あ行」から「ら行」までの音になります。

※韓国語では「は行」を除く次の子音7つと、「ぱ行」「ちゃ行」の子音（p.32参照）を合わせた9つが基本子音（平音）として扱われます。
※「や行」と「わ」は母音を使って表します（p.5参照）。

子音と母音は、左右に組み合わせる場合、上下に組み合わせる場合、それぞれにバランスをとって書きましょう。

			母音（a）が横につく場合	母音（o）が下につく場合
あ行	ㅇ (無)	母音を組み合わせると母音だけの音 音のないゼロ子音です。	아 （あ）	오 （お）
か行	ㄱ (k/g)	「か行」の音 語中では濁って「が」行の音になります。	가 縦長に書く／左下にはらう （か）	고 横長に書く／ほぼ垂直におろす （こ）
さ行	ㅅ (s)	「さ行」の音	사 （さ）	소 （そ）
た行	ほぼ ㄷ (t/d)	「た」「て」「と」の音 語中では濁って「ダ」行の音になります。	다 右上にはらう （た）	도 水平にのばす （と）
な行	ㄴ (n)	「な行」の音	나 右上にはらう （な）	노 水平にのばす （の）
は行	ㅎ (h)	「は行」の音	하 （は）	호 （ほ）
ま行	ㅁ (m)	「ま行」の音	마 （ま）	모 （も）
ら行	ㄹ (l)	「ら行」の音	라 右上にはらう （ら）	로 水平にのばす （ろ）

子音 ㄷ (t) は、母音「い」と組み合わせると디 (ティ)、母音「う」と組み合わせると두 (トゥ) と、日本語の「ち」「つ」とは違う発音になります。そのため、「ち」には子音 ㅈ (ch)、「つ」には子音 ㅊ (ch^h) を使って、似た音で表します。

※「つ」の表記には、ㅊのほかに 쓰 (ssu) も使われます。

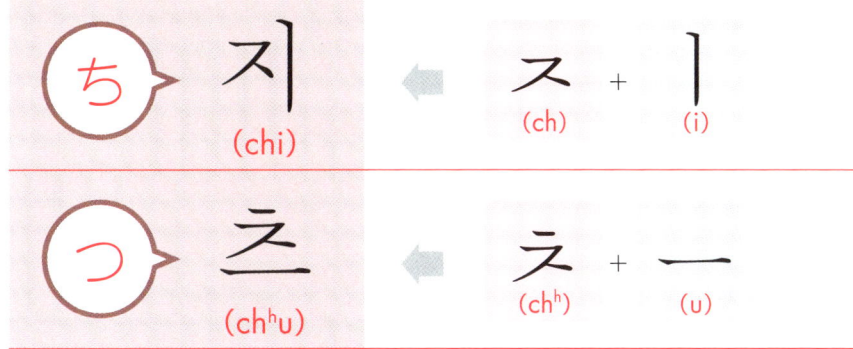

※子音 ㅈ についてはp.32を、子音 ㅊ についてはp.76を参照してください。
※「つ」には、p.4で覚えたのとは違う母音「ㅡ (u)」を使います (p.66参照)。
この「ㅡ」という母音は、「さ行」の「す」を表すときにも使われますので、覚えておいてください。

濁る？ 濁らない？

ㄱ、ㄷ、ㅂ、ㅈ は、日本人の耳には語頭では濁らない音（清音＝k、t、p、ch）に、語中では濁る音（濁音＝g、d、b、j）に聞こえます。日本語では清音と濁音を区別しますが、韓国語ではその区別がありません。このため、例えば「加賀（かが）」という名前をハングルで表すと、語頭「加」の清音（か）も、語中「賀」の濁音（が）も同じハングルになります。　　※子音 ㅂ についてはp.32を参照してください。

加賀 = 가가
(ka) (ga)

多田 = 다다
(ta) (da)

パッチムを使って表す「ん」と「っ」の音

日本語には「ん」の表記は1つしかありませんが、韓国語にはパッチム ㅇ (ng)、ㄴ (n)、ㅁ (m) の3つがあります。日本語の「ん」を表すには、パッチム ㄴ を使います。

가 (ka) か + ㄴ (n) → 간 (kan) かん パッチム

日本語には小さい「っ」の表記は1つしかありませんが、韓国語にはパッチム ㄱ (k)、ㄷ (t)、ㅂ (p) の3つがあります。日本語の小さい「っ」を表すには、パッチム ㅅ を使います。

※「さ行」の子音 ㅅ (s) は、パッチムではㄷ (t) の音になります。

가 (ka) か + ㅅ (s) → 갓 (kat) かっ パッチム

左右／上下のバランスを見ながら、ハングルをなぞり書きしましょう。

★なぞり部分と点線はだんだん薄くなって、なくなり、2行めでは外枠のみになります。なぞりと点線なしでもバランスよく書けるように練習してみましょう。

月　　日

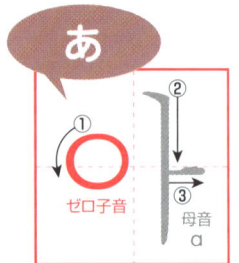

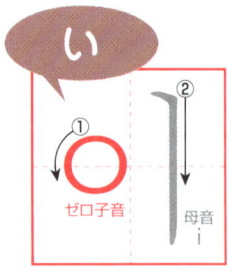

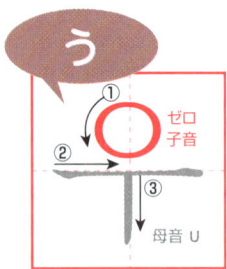

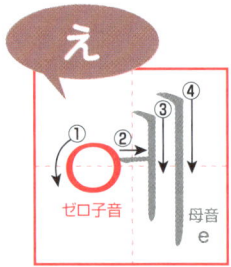

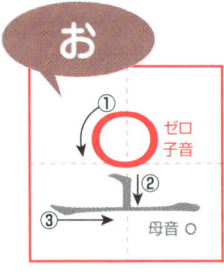

PART 1 ◆「あいうえお」で覚えよう

 横罫上に、「あ行」のハングルをバランスよく書きましょう。

 ここまでとは違う語順で、「あ行」のハングルを書きましょう。

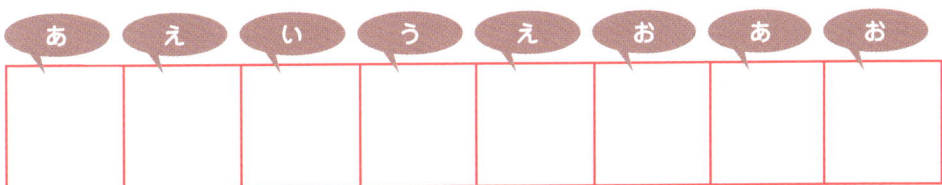

3ステップで か行をマスター

STEP 1 左右／上下のバランスを見ながら、ハングルをなぞり書きしましょう。

月　　　日

★なぞり部分と点線はだんだん薄くなって、なくなり、2行めでは外枠のみになります。
なぞりと点線なしでもバランスよく書けるように練習してみましょう。

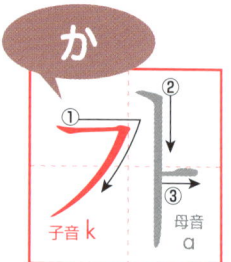

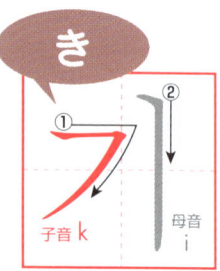

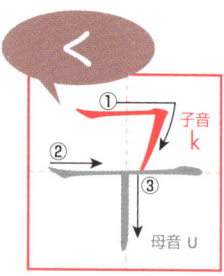

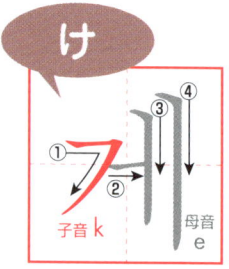

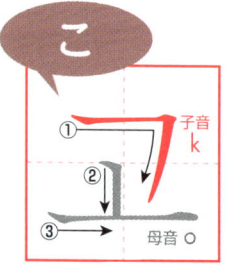

PART 1 ◆「あいうえお」で覚えよう

 横罫上に、「か行」のハングルをバランスよく書きましょう。

 ここまでとは違う語順で、「か行」のハングルを書きましょう。

か	け	き	く	け	こ	か	こ

 **3**ステップで さ行をマスター

 STEP 1 左右／上下のバランスを見ながら、ハングルをなぞり書きしましょう。

月　　　日

★なぞり部分と点線はだんだん薄くなって、なくなり、2行めでは外枠のみになります。なぞりと点線なしでもバランスよく書けるように練習してみましょう。

さ
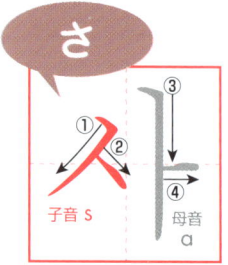

し
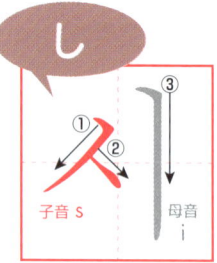

す
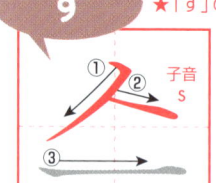
★「す」の表記には母音「ー(u)」を使います。

せ
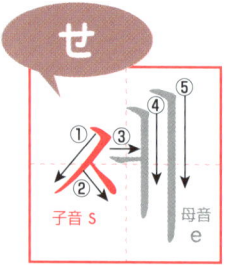

そ
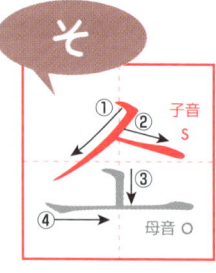

PART 1 ◆ 「あいうえお」で覚えよう

 横罫上に、「さ行」のハングルをバランスよく書きましょう。

 ここまでとは違う語順で、「さ行」のハングルを書きましょう。

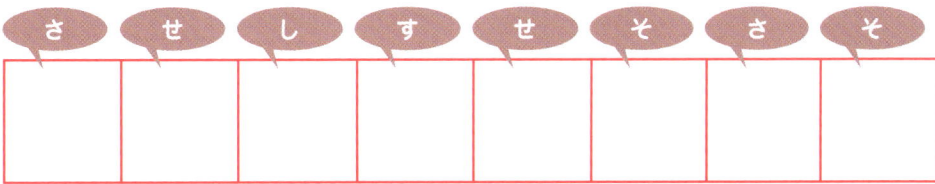

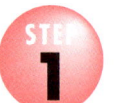

3ステップで

た行をマスター

月　　日

STEP 1 左右／上下のバランスを見ながら、ハングルをなぞり書きしましょう。

★なぞり部分と点線はだんだん薄くなって、なくなり、2行めでは外枠のみになります。なぞりと点線なしでもバランスよく書けるように練習してみましょう。

た

ち

★「ち」の表記には子音「ㅈ(ch)」を使います。

つ

★「つ」の表記には子音「ㅊ(ch^{h})」と母音「ㅡ(u)」を使います。

て

と

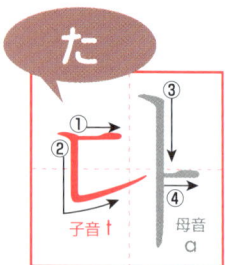

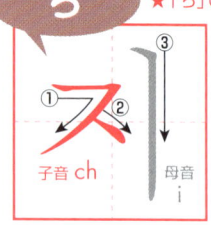

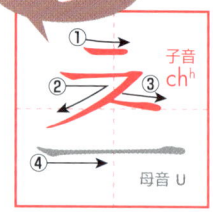

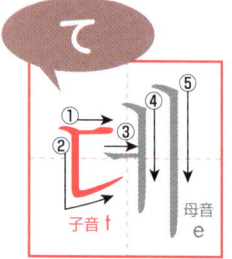

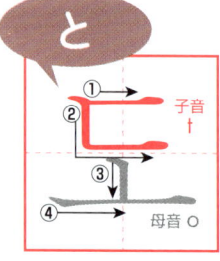

PART 1 ◆ 「あいうえお」で覚えよう

横罫上に、「た行」のハングルをバランスよく書きましょう。

다

지

츠

떼

도

ここまでとは違う語順で、「た行」のハングルを書きましょう。

た	て	ち	つ	て	と	た	と

 左右／上下のバランスを見ながら、ハングルをなぞり書きしましょう。

★なぞり部分と点線はだんだん薄くなって、なくなり、2行めでは外枠のみになります。
　なぞりと点線なしでもバランスよく書けるように練習してみましょう。

月　　日

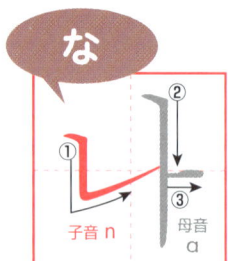

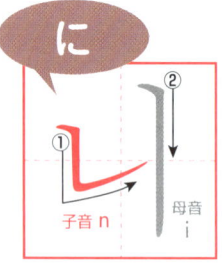

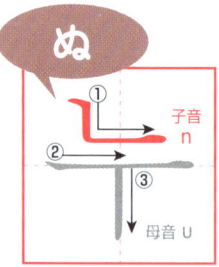

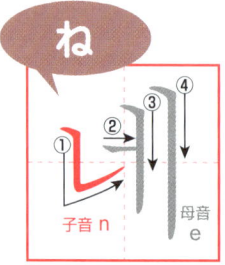

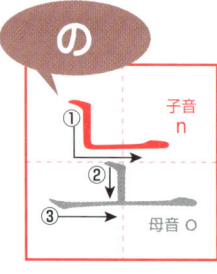

PART 1 ◆「あいうえお」で覚えよう

横罫上に、「な行」のハングルをバランスよく書きましょう。

ここまでとは違う語順で、「な行」のハングルを書きましょう。

な	ね	に	ぬ	ね	の	な	の

17

左右／上下のバランスを見ながら、
ハングルをなぞり書きしましょう。

月　　　日

★なぞり部分と点線はだんだん薄くなって、なくなり、2行めでは外枠のみになります。
　なぞりと点線なしでもバランスよく書けるように練習してみましょう。

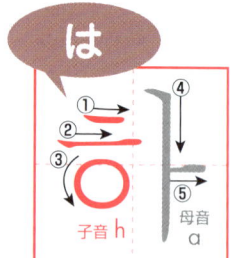

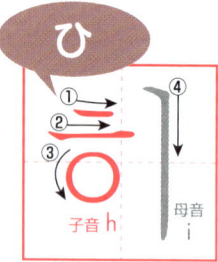

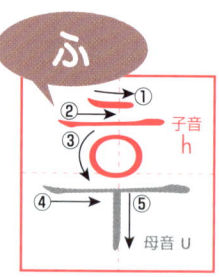

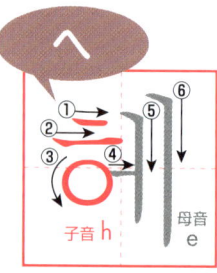

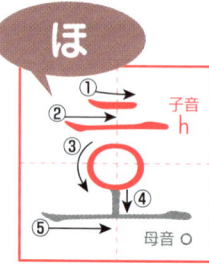

PART 1 ◆ 「あいうえお」で覚えよう

横罫上に、「は行」のハングルをバランスよく書きましょう。

하 하

히 히

후 후

헤 헤

호 호

ここまでとは違う語順で、「は行」のハングルを書きましょう。

は	へ	ひ	ふ	へ	ほ	は	ほ

3ステップで ま行 をマスター

STEP 1 左右／上下のバランスを見ながら、ハングルをなぞり書きしましょう。

月　　日

★なぞり部分と点線はだんだん薄くなって、なくなり、2行めでは外枠のみになります。なぞりと点線なしでもバランスよく書けるように練習してみましょう。

ま

み

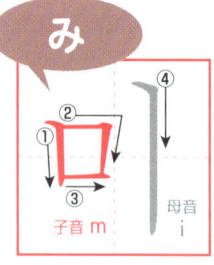

む

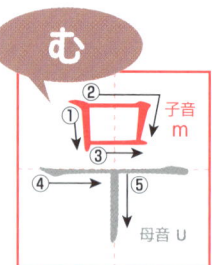

め

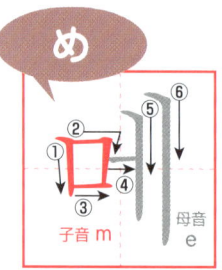

も

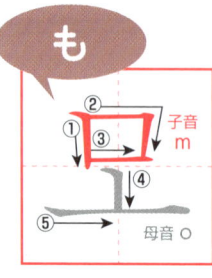

20

PART 1 ◆ 「あいうえお」で覚えよう

 横罫上に、「ま行」のハングルをバランスよく書きましょう。

 ここまでとは違う語順で、「ま行」のハングルを書きましょう。

ま	め	み	む	め	も	ま	も

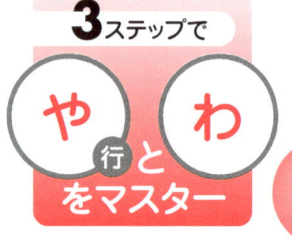

3ステップで や行 と わ をマスター

STEP 1 左右／上下のバランスを見ながら、ハングルをなぞり書きしましょう。

月　　日

★なぞり部分と点線はだんだん薄くなって、なくなり、2行めでは外枠のみになります。
なぞりと点線なしでもバランスよく書けるように練習してみましょう。

や

ゆ

よ

わ

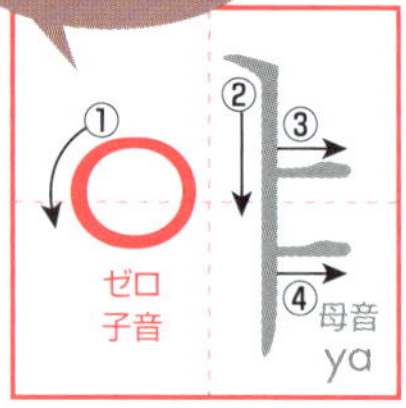

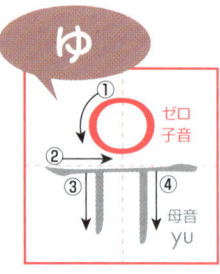

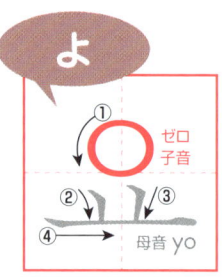

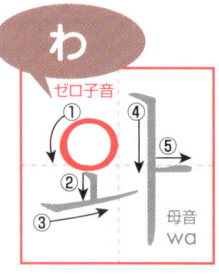

PART 1 ◆ 「あいうえお」で覚えよう

 横罫上に、「や行」と「わ」のハングルをバランスよく書きましょう。

 「や行」に「い」と「え」をミックスして、ハングルを書きましょう。

や	え	い	ゆ	え	よ	や	よ

「わ」に「い」〜「お」をミックスして、ハングルを書きましょう。

わ	え	い	う	え	お	わ	お

3ステップで ら行を マスター

STEP 1 左右／上下のバランスを見ながら、ハングルをなぞり書きしましょう。

月　日

★なぞり部分と点線はだんだん薄くなって、なくなり、2行めでは外枠のみになります。なぞりと点線なしでもバランスよく書けるように練習してみましょう。

ら 라

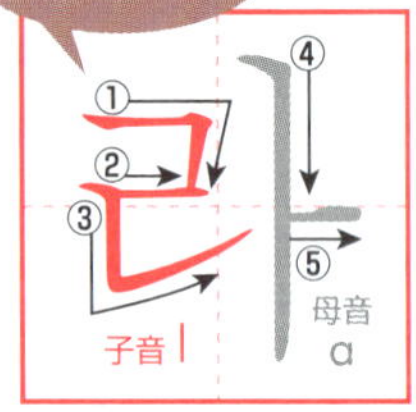

り 리

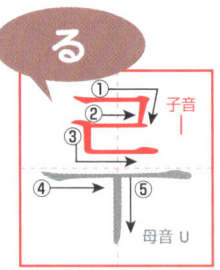

る 루

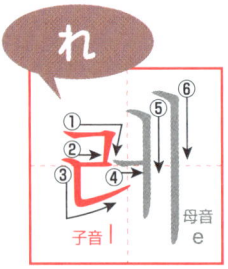

れ 레

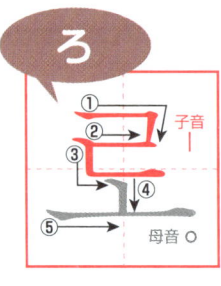

ろ 로

PART 1 ◆ 「あいうえお」で覚えよう

 横罫上に、「ら行」のハングルをバランスよく書きましょう。

 ここまでとは違う語順で、「ら行」のハングルを書きましょう。

ら	れ	り	る	れ	ろ	ら	ろ

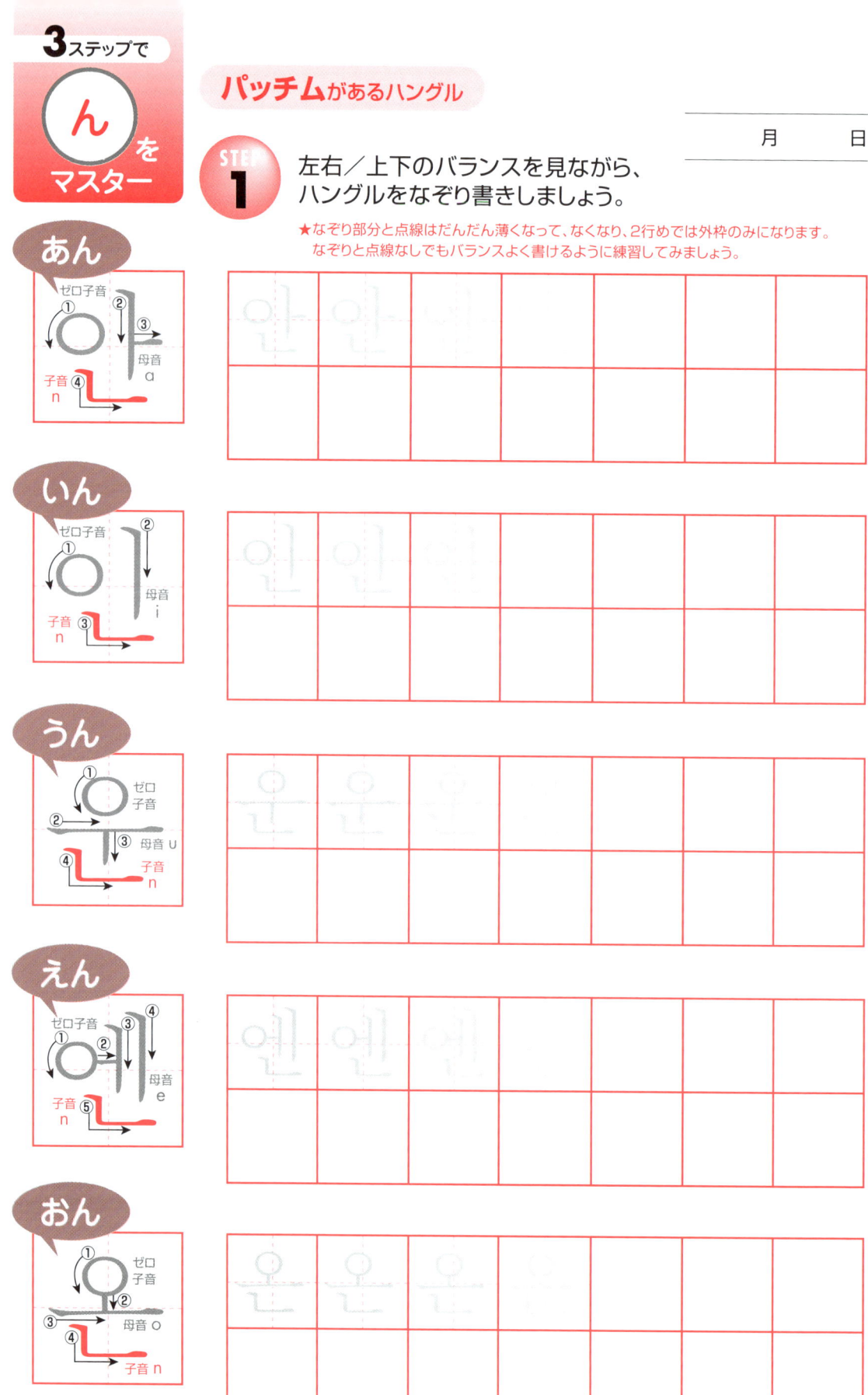

PART 1 ◆ 「あいうえお」で覚えよう

 横罫上に、「あ行＋ん」のハングルをバランスよく書きましょう。

 「あ行＋ん」のほか、「かん」「さん」……などのハングルも書きましょう。

かん	さん	たん	なん	はん	まん	やん	らん

わん	きん	すん	てん	のん	りん	みん	るん

★パッチムㄴ(n)を使った「ん」の表し方はp.7を参照してください。

固有名詞を書いてみよう①

日本の固有名詞は、近い音のハングルを使って表します。
ここまでに覚えたハングルで表すことができる地名と名字を書いてみましょう。

地名

□ 上野
우에노
u e no
う え の

□ 浦安
우라야스
u la ya su
う ら や す

□ 江の島
에노시마
e no si ma
え の し ま

□ 亀有
가메아리
ka me a li
か め あ り

□ 関内
간나이
kan na i
かん な い

□ 清瀬
기요세
ki yo se
き よ せ

□ 久里浜
구리하마
ku li ha ma
く り は ま

28

PART 1 ◆ 「あいうえお」で覚えよう

□ 狛江
고마에
ko ma e
こ ま え

□ 神泉
신 센
sin sen
しん せん

□ 多摩
다마
ta ma
た ま

□ 田無
다나시
ta na si
た な し

□ 鶴見
츠루미
chʰu lu mi
つ る み

□ 虎ノ門
도라노몬
to la no mon
と ら の もん

□ 豊洲
도요스
to yo su
と よ す

□ 練馬
네리마
ne li ma
ね り ま

29

名字

☐ 荒井
아라이
a la i
あ ら い

☐ 井上
이노우에
i no u e
い の う え

☐ 今井
이마이
i ma i
い ま い

☐ 上原
우에하라
u e ha la
う え は ら

☐ 宇佐美
우사미
u sa mi
う さ み

☐ 神谷
가미야
ka mi ya
か み や

☐ 木村
기무라
ki mu la
き む ら

☐ 今野
곤노
kon no
こん の

PART 1 ◆「あいうえお」で覚えよう

□ 佐野
사노
sa no
さ の

□ 白石
시라이시
si la i si
し ら い し

□ 野村
노무라
no mu la
の む ら

□ 林
하야시
ha ya si
は や し

□ 松尾
마츠오
ma ch^{h}u o
ま つ お

□ 三好
미요시
mi yo si
み よ し

□ 森
모리
mo li
も り

□ 山根
야마네
ya ma ne
や ま ね

31

PART 2

「ぱ」、小さい「ゃ」などを覚えよう

ぱ行の子音

p.6で覚えた子音のほかに、母音と組み合わせると「ぱ行」の音（半濁音（はんだくおん））になる子音 ㅂ（p）があります。形が「ま行」の子音 ㅁ（m）に似ているので、間違えないようにしましょう。

ぱ行　ㅂ（p/b）

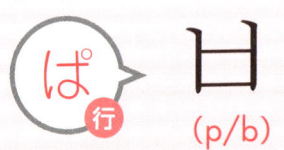

母音を組み合わせると「ぱ行」の音

語中では濁って「ば行」の音になります。

※日本語では「は」が濁音「ば」や半濁音「ぱ」になりますが、韓国語では하（ha）の濁音はなく、「pa」「ba」の音を持つ바とは別扱いです。

母音（a）が横につく場合	母音（o）が下につく場合
바（縦長に書く）	보（横長に書く）

母音と組み合わせると

바（pa）ぱ	비（pi）ぴ	부（pu）ぷ	베（pe）ぺ	보（po）ぽ

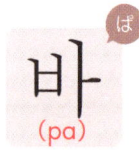

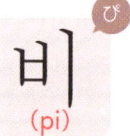

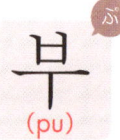

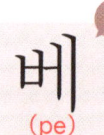

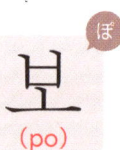

ちゃ行の子音

「た行」の「ち」を表すのに使われていた（p.7参照）子音ㅈ（ch）は、母音と組み合わせると「ちゃ行」の音になります。カタカナの「ス」に似ていますが、「さ行」の音ではないので、間違えないようにしましょう。

ちゃ行　ㅈ（ch/j）

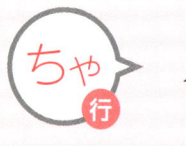

母音を組み合わせると「ちゃ行」の音

語中では濁って「じゃ行」の音になります。

※子音ㅈは、語中の「ざ行」の音を表す場合にも使われます（p.45参照）。

母音（a）が横につく場合	母音（o）が下につく場合
자（縦長に書く）	조（横長に書く）

母音と組み合わせると

자（cha）ちゃ	주（chu）ちゅ	조（cho）ちょ

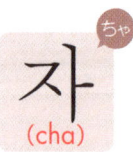

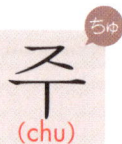

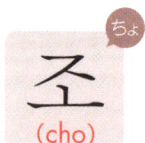

拗音（ようおん）

ゼロ子音をのぞく子音に「や行」の母音 ㅑ(ya)、ㅠ(yu)、ㅛ(yo)を組み合わせると、「きゃ、きゅ、きょ」など、小さい「ゃ」を伴う拗音になります。

※拗音「ちゃ行」は左ページを参照してください。

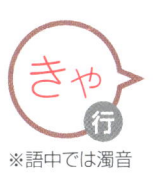

きゃ行 ※語中では濁音	きゃ 갸 (k)＋(ya)	きゅ 규 (k)＋(yu)	きょ 교 (k)＋(yo)
しゃ行	しゃ 샤 (s)＋(ya)	しゅ 슈 (s)＋(yu)	しょ 쇼 (s)＋(yo)
にゃ行	にゃ 냐 (n)＋(ya)	にゅ 뉴 (n)＋(yu)	にょ 뇨 (n)＋(yo)
ひゃ行	ひゃ 햐 (h)＋(ya)	ひゅ 휴 (h)＋(yu)	ひょ 효 (h)＋(yo)
ぴゃ行 ※語中では濁音	ぴゃ 뱌 (p)＋(ya)	ぴゅ 뷰 (p)＋(yu)	ぴょ 뵤 (p)＋(yo)
みゃ行	みゃ 먀 (m)＋(ya)	みゅ 뮤 (m)＋(yu)	みょ 묘 (m)＋(yo)
りゃ行	りゃ 랴 (l)＋(ya)	りゅ 류 (l)＋(yu)	りょ 료 (l)＋(yo)

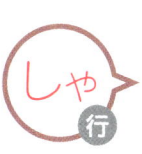

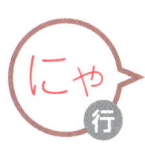

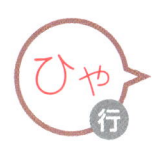

3ステップで ぱ行を マスター

STEP 1 左右／上下のバランスを見ながら、ハングルをなぞり書きしましょう。

月　　　日

★なぞり部分と点線はだんだん薄くなって、なくなり、2行めでは外枠のみになります。
　なぞりと点線なしでもバランスよく書けるように練習してみましょう。

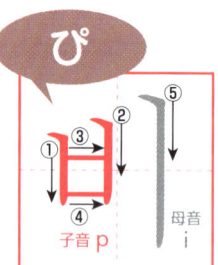

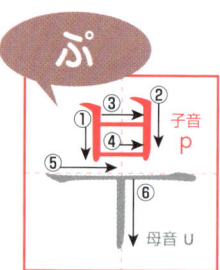

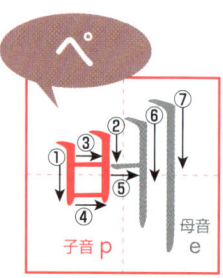

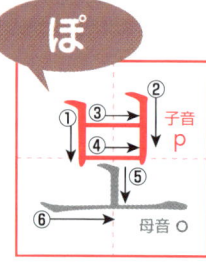

PART 2 ◆ 「ぱ」、小さい「ゃ」などを覚えよう

横罫上に、「ぱ行」のハングルをバランスよく書きましょう。

빠

뻐

뽀

뼤

뿌

ここまでとは違う語順で、「ぱ行」のハングルを書きましょう。

ぱ	ぺ	ぴ	ぷ	ぺ	ぽ	ぱ	ぽ

3ステップで「しゃ」行をマスター

PART 2 ◆ 「ぱ」、小さい「ゃ」などを覚えよう

月　　　日

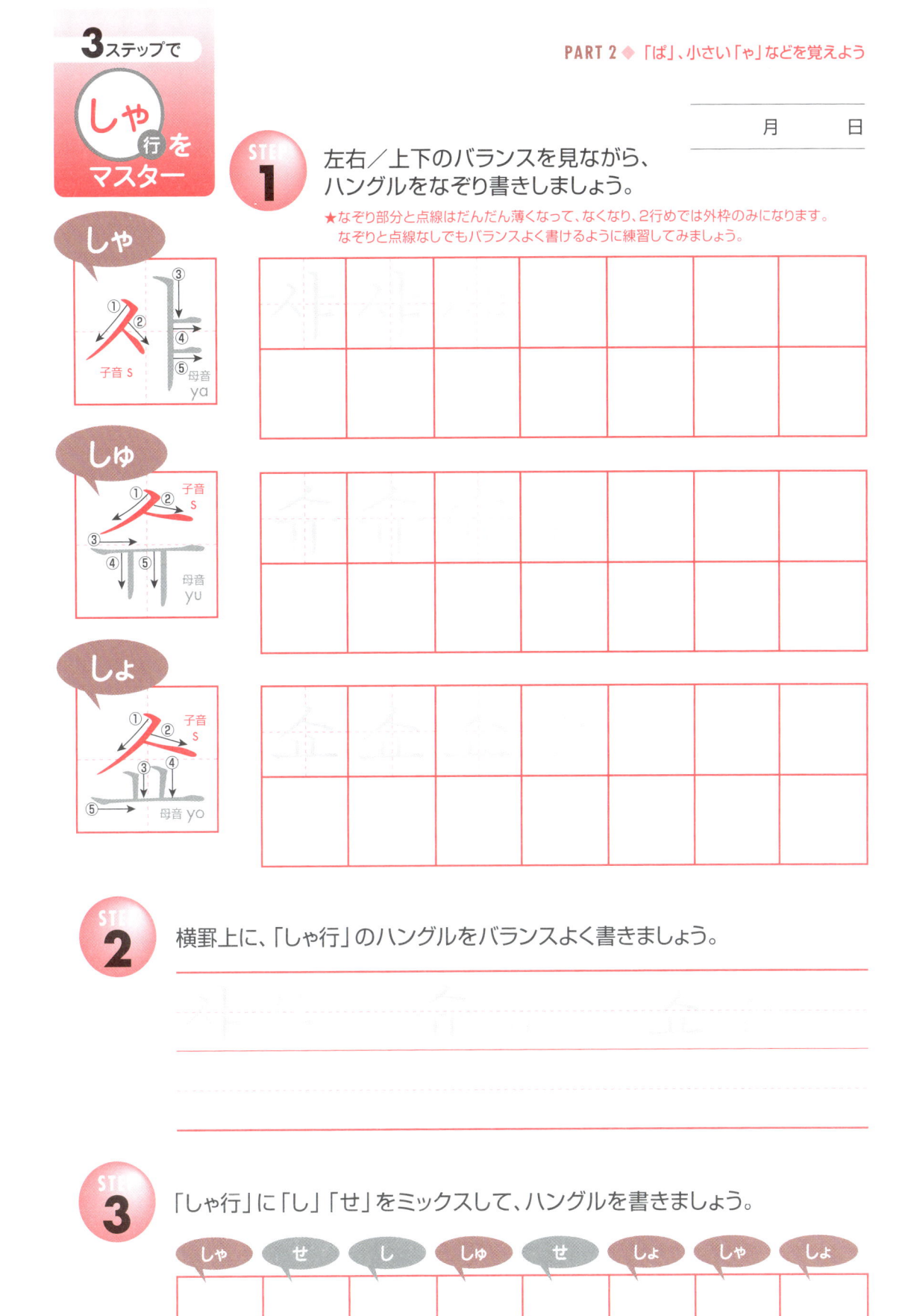

STEP 1
左右／上下のバランスを見ながら、ハングルをなぞり書きしましょう。

★なぞり部分と点線はだんだん薄くなって、なくなり、2行めでは外枠のみになります。
　なぞりと点線なしでもバランスよく書けるように練習してみましょう。

しゃ　子音 S　母音 ya

しゅ　子音 S　母音 yu

しょ　子音 S　母音 yo

STEP 2
横罫上に、「しゃ行」のハングルをバランスよく書きましょう。

STEP 3
「しゃ行」に「し」「せ」をミックスして、ハングルを書きましょう。

しゃ	せ	し	しゅ	せ	しょ	しゃ	しょ

37

3ステップで「ちゃ行」をマスター

月　日

STEP 1
左右／上下のバランスを見ながら、ハングルをなぞり書きしましょう。

★なぞり部分と点線はだんだん薄くなって、なくなり、2行めでは外枠のみになります。なぞりと点線なしでもバランスよく書けるように練習してみましょう。

ちゃ 子音 ch / 母音 a

ちゅ 子音 ch / 母音 u

ちょ 子音 ch / 母音 o

STEP 2
横罫上に、「ちゃ行」のハングルをバランスよく書きましょう。

STEP 3
「ちゃ行」に「ち」「て」をミックスして、ハングルを書きましょう。

ちゃ	て	ち	ちゅ	て	ちょ	ちゃ	ちょ

38

3ステップで「にゃ」行をマスター

PART 2 ◆ 「ぱ」、小さい「ゃ」などを覚えよう

月　　　日

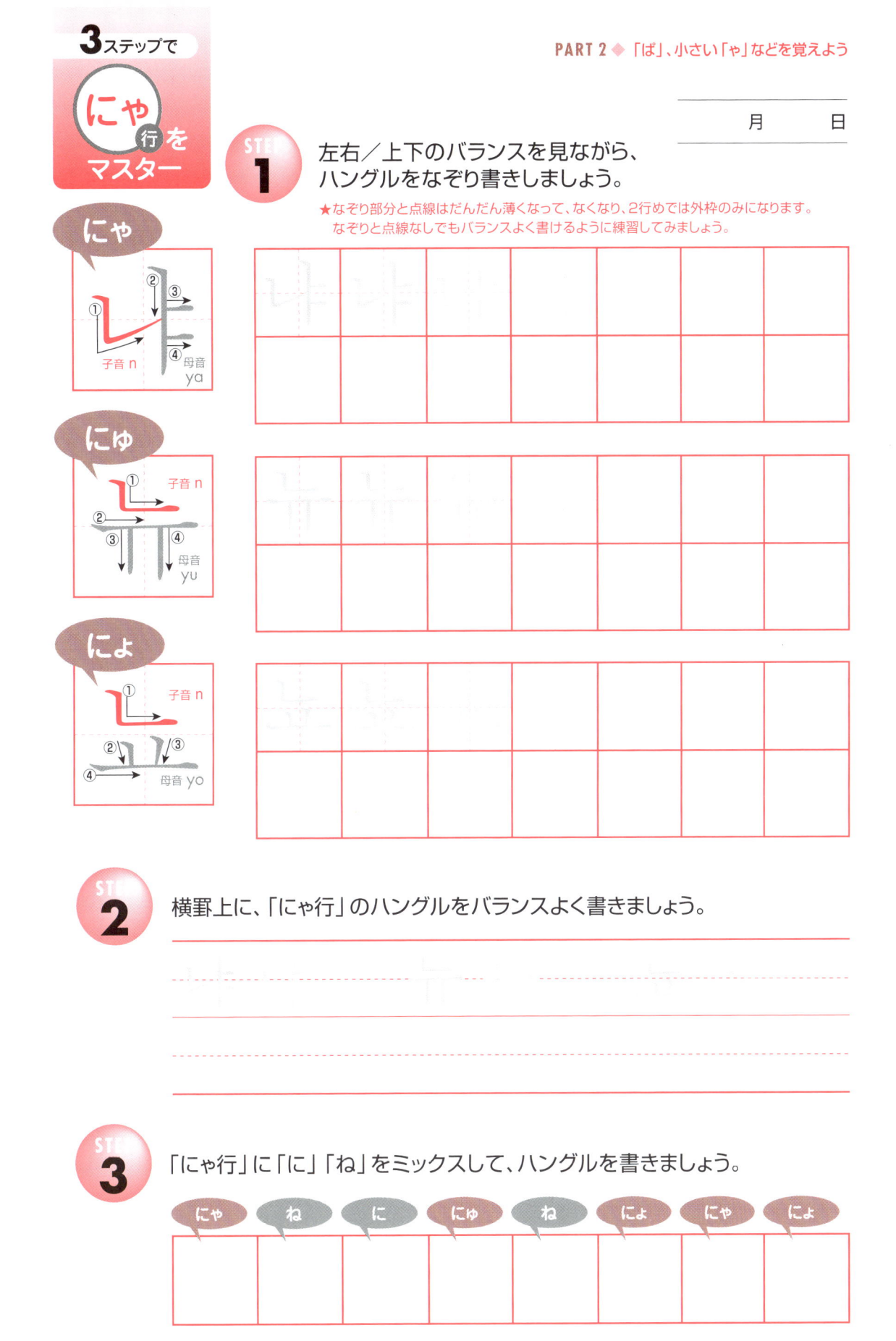

STEP 1
左右／上下のバランスを見ながら、ハングルをなぞり書きしましょう。

★なぞり部分と点線はだんだん薄くなって、なくなり、2行めでは外枠のみになります。
　なぞりと点線なしでもバランスよく書けるように練習してみましょう。

にゃ — 子音 n / 母音 ya

にゅ — 子音 n / 母音 yu

によ — 子音 n / 母音 yo

STEP 2
横罫上に、「にゃ行」のハングルをバランスよく書きましょう。

STEP 3
「にゃ行」に「に」「ね」をミックスして、ハングルを書きましょう。

にゃ	ね	に	にゅ	ね	によ	にゃ	によ

39

3ステップで「ひゃ」行をマスター

月　日

STEP 1
左右／上下のバランスを見ながら、ハングルをなぞり書きしましょう。

★なぞり部分と点線はだんだん薄くなって、なくなり、2行めでは外枠のみになります。なぞりと点線なしでもバランスよく書けるように練習してみましょう。

ひゃ 　子音 h　母音 ya

ひゅ 　子音 h　母音 yu

ひょ 　子音 h　母音 yo

STEP 2
横罫上に、「ひゃ行」のハングルをバランスよく書きましょう。

STEP 3
「ひゃ行」に「ひ」「へ」をミックスして、ハングルを書きましょう。

ひゃ	へ	ひ	ひゅ	へ	ひょ	ひゃ	ひょ

3ステップで「ぴゃ行」をマスター

PART 2 ◆ 「ぱ」、小さい「ゃ」などを覚えよう

　　　月　　　日

STEP 1
左右／上下のバランスを見ながら、ハングルをなぞり書きしましょう。

★なぞり部分と点線はだんだん薄くなって、なくなり、2行めでは外枠のみになります。なぞりと点線なしでもバランスよく書けるように練習してみましょう。

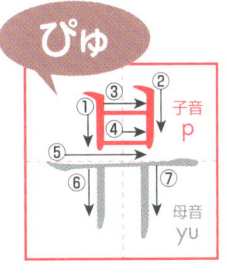

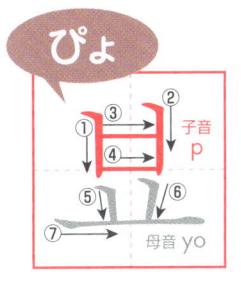

ぴゃ 子音 p ／ 母音 ya

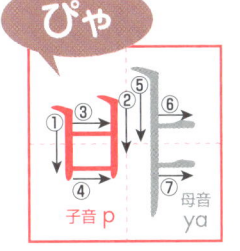

ぴゅ 子音 p ／ 母音 yu

ぴょ 子音 p ／ 母音 yo

STEP 2
横罫上に、「ぴゃ行」のハングルをバランスよく書きましょう。

STEP 3
「ぴゃ行」に「ぴ」「ぺ」をミックスして、ハングルを書きましょう。

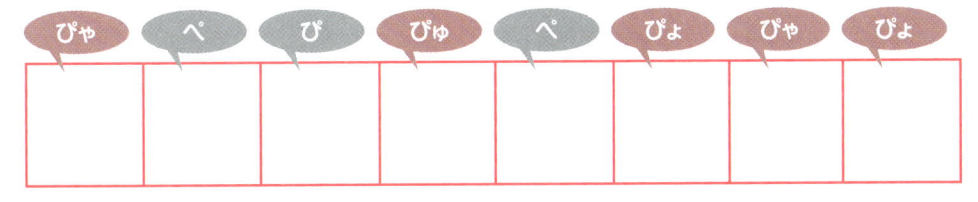

ぴゃ	ぺ	ぴ	ぴゅ	ぺ	ぴょ	ぴゃ	ぴょ

41

3ステップで「みゃ行」をマスター

月　　日

STEP 1
左右／上下のバランスを見ながら、ハングルをなぞり書きしましょう。

★なぞり部分と点線はだんだん薄くなって、なくなり、2行めでは外枠のみになります。なぞりと点線なしでもバランスよく書けるように練習してみましょう。

みゃ 　子音 m　母音 ya

みゅ 　子音 m　母音 yu

みょ 　子音 m　母音 yo

STEP 2
横罫上に、「みゃ行」のハングルをバランスよく書きましょう。

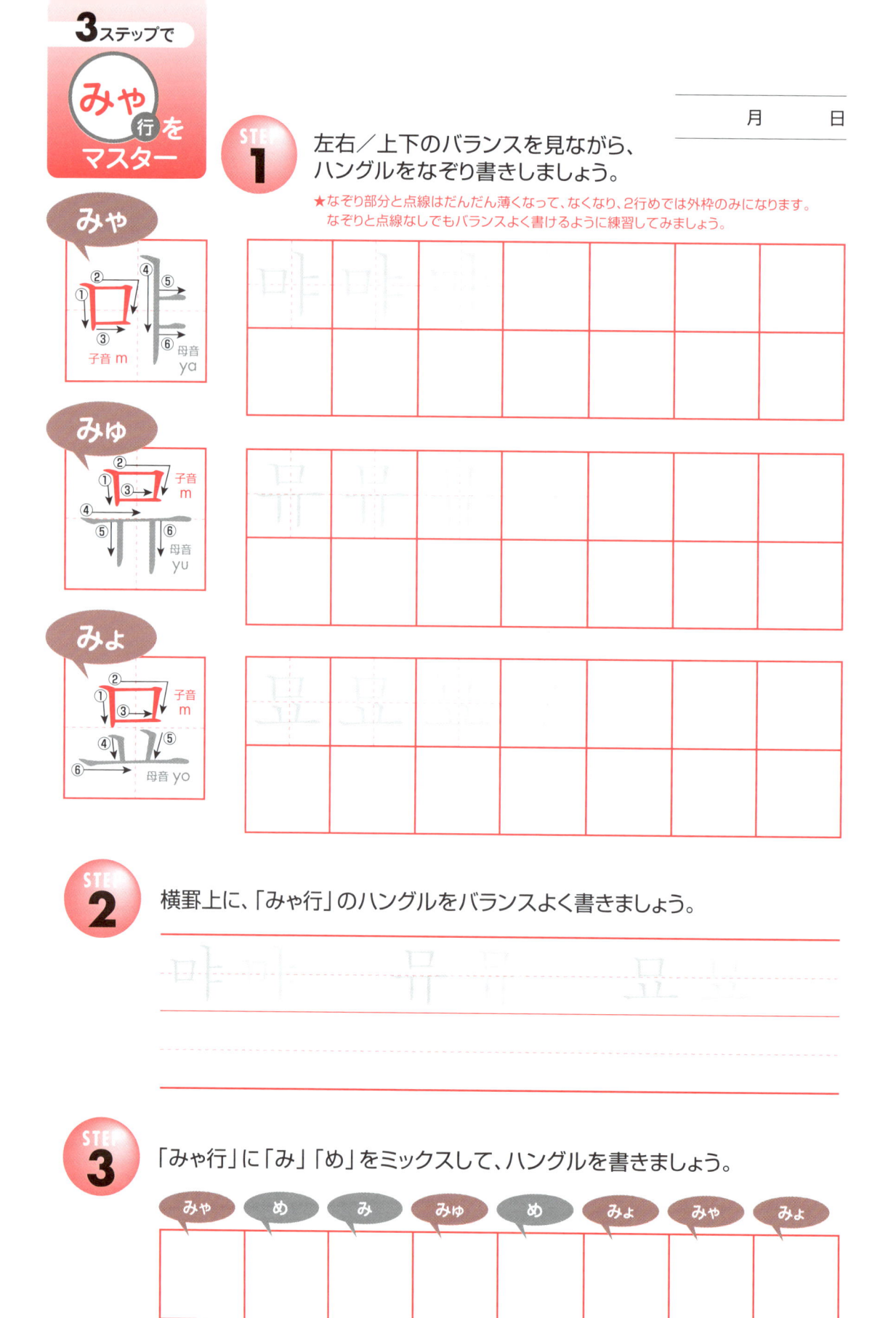

STEP 3
「みゃ行」に「み」「め」をミックスして、ハングルを書きましょう。

みゃ	め	み	みゅ	め	みょ	みゃ	みょ

3ステップで「りゃ」行をマスター

PART 2 ◆ 「ぱ」、小さい「ゃ」などを覚えよう

月　　日

STEP 1
左右／上下のバランスを見ながら、ハングルをなぞり書きしましょう。

★なぞり部分と点線はだんだん薄くなって、なくなり、2行めでは外枠のみになります。
　なぞりと点線なしでもバランスよく書けるように練習してみましょう。

りゃ — 子音ㄹ / 母音 ya

りゅ — 子音ㄹ / 母音 yu

りょ — 子音ㄹ / 母音 yo

STEP 2
横罫上に、「りゃ行」のハングルをバランスよく書きましょう。

STEP 3
「りゃ行」に「り」「れ」をミックスして、ハングルを書きましょう。

りゃ	れ	り	りゅ	れ	りょ	りゃ	りょ

濁らない音

PART 1 で覚えた「か行」「た行」と、PART 2 で覚えた「ぱ行」「ちゃ行」は、日本人の耳には語中で濁って聞こえます。それらの子音 ㄱ、ㄷ、ㅂ、ㅈ を濁らない清音に聞こえるように表記するためには、語中で清音として発音される激音（p.76参照）で表します。

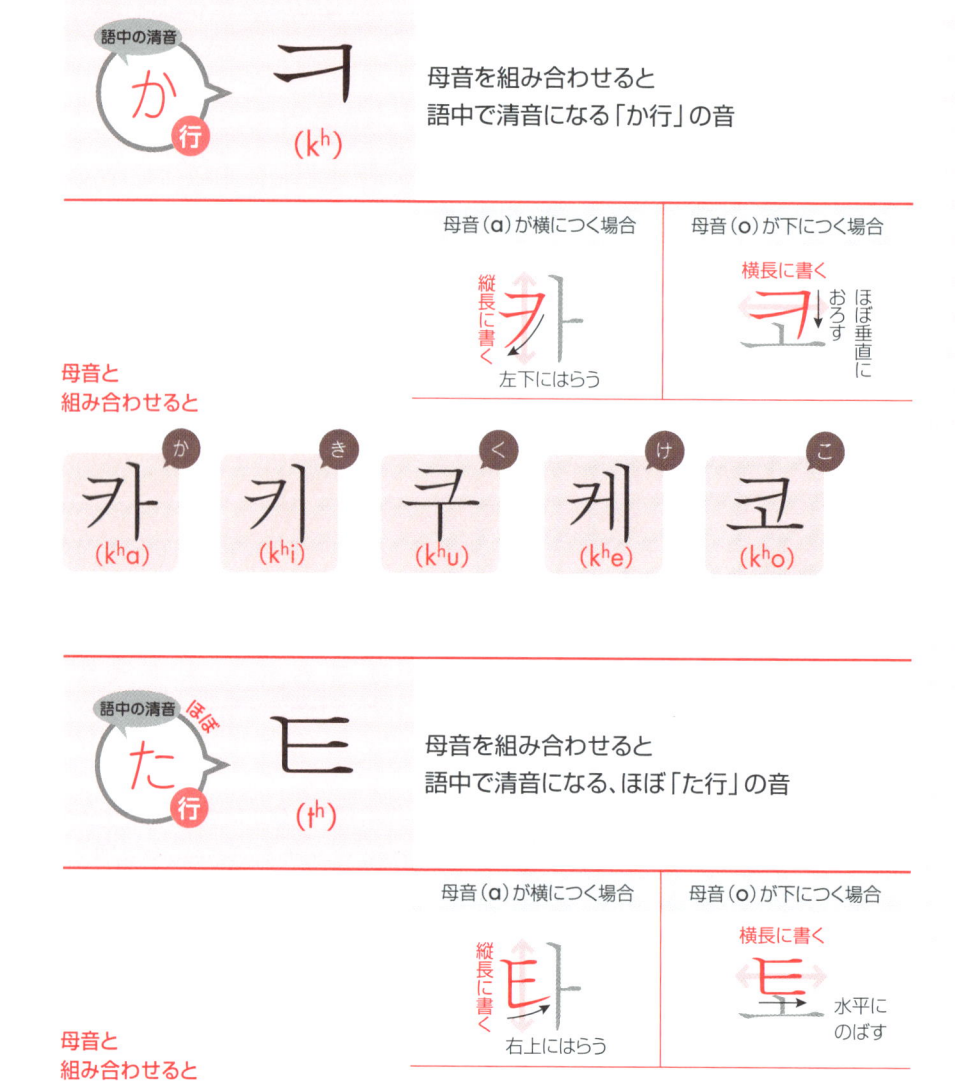

語中の清音「か行」 → **ㅋ** (k^h)

母音を組み合わせると語中で清音になる「か行」の音

母音（a）が横につく場合	母音（o）が下につく場合
縦長に書く **카** 左下にはらう	横長に書く **코** ほぼ垂直におろす

母音と組み合わせると

- 카 (か) ($k^h a$)
- 키 (き) ($k^h i$)
- 쿠 (く) ($k^h u$)
- 케 (け) ($k^h e$)
- 코 (こ) ($k^h o$)

語中の清音「た行」 → **ㅌ** (t^h)

母音を組み合わせると語中で清音になる、ほぼ「た行」の音

母音（a）が横につく場合	母音（o）が下につく場合
縦長に書く **타** 右上にはらう	横長に書く **토** 水平にのばす

母音と組み合わせると

- 타 (た) ($t^h a$)
- 테 (て) ($t^h e$)
- 토 (と) ($t^h o$)
- 치 (ち) ($ch^h i$)
- 츠 (つ) ($ch^h u$)

★ 語中の清音「ち」と「つ」には子音ㅊが使われます（「つ」はp.7で覚えたハングルと同じです）。

PART 2 ◆ 「ぱ」、小さい「ゃ」などを覚えよう

語中の清音 ぱ行 → **ㅍ** (pʰ)

母音を組み合わせると
語中で清音になる「ぱ行」の音

母音（a）が横につく場合	母音（o）が下につく場合
縦長に書く **파**	横長に書く **포**

母音と組み合わせると

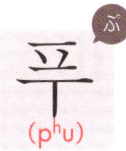

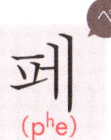

ぱ	ぴ	ぷ	ぺ	ぽ
파	피	푸	페	포
(pʰa)	(pʰi)	(pʰu)	(pʰe)	(pʰo)

濁る音

「か行」「た行」「ぱ行」「ちゃ行」は、語中で濁った音になります。では、語中の「ざ行」と「ば行」はどうやって表すでしょうか。

韓国語には「z」の音を持つ子音がないので、「さ行」の子音 ㅅ（s）は語中でも濁音になりません。語中の「ざ行」を表すには、「ちゃ行」の子音 ㅈ（j）(p.32参照)を代用します。

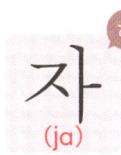

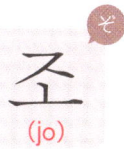

語中の濁音 ざ行

ざ	じ	ず	ぜ	ぞ
자	지	즈	제	조
(ja)	(ji)	(ju)	(je)	(jo)

語中の「ば行」を表すには、「ぱ行」の子音 ㅂ（b）(p.32参照)を代用します。

語中の濁音 ば行

ば	び	ぶ	べ	ぼ
바	비	부	베	보
(ba)	(bi)	(bu)	(be)	(bo)

45

3ステップで か行をマスター

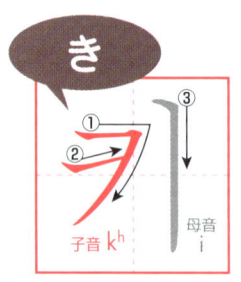

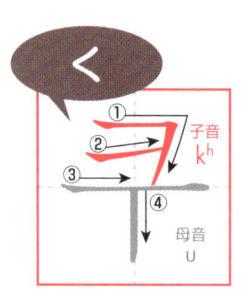

語中の清音

STEP 1
左右／上下のバランスを見ながら、ハングルをなぞり書きしましょう。

月　　日

★なぞり部分と点線はだんだん薄くなって、なくなり、2行めでは外枠のみになります。なぞりと点線なしでもバランスよく書けるように練習してみましょう。

か 카　子音 kʰ　母音 a

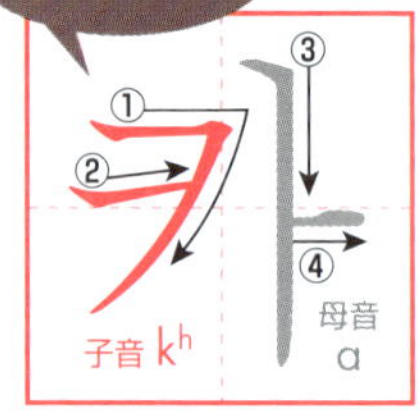

き 키　子音 kʰ　母音 i

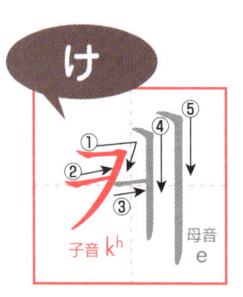

く 쿠　子音 kʰ　母音 u

け 케　子音 kʰ　母音 e

こ 코　子音 kʰ　母音 o

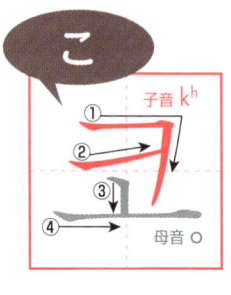

STEP 2
横罫上に、強く吐き出す「か行」のハングルをバランスよく書きましょう。

카 카

꺄 꺄

쿠 쿠

케 케

쿄 쿄

STEP 3
ここまでとは違う語順で、強く吐き出す「か行」のハングルを書きましょう。

か	け	き	く	け	こ	か	こ

3ステップで **た**行をマスター

語中の清音

STEP 1 左右／上下のバランスを見ながら、ハングルをなぞり書きしましょう。

月　　　日

★なぞり部分と点線はだんだん薄くなって、なくなり、2行めでは外枠のみになります。なぞりと点線なしでもバランスよく書けるように練習してみましょう。

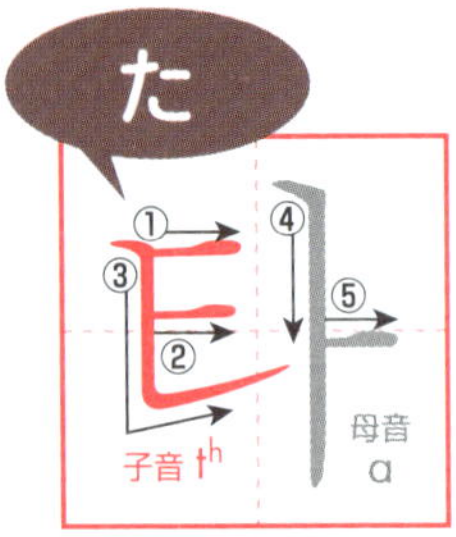

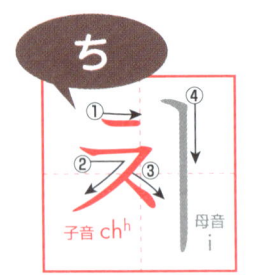

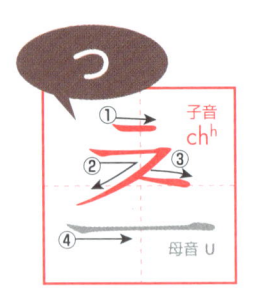

た 타 (子音 tʰ / 母音 a)

ち 지 (子音 chʰ / 母音 i)

つ 츠 (子音 chʰ / 母音 u)

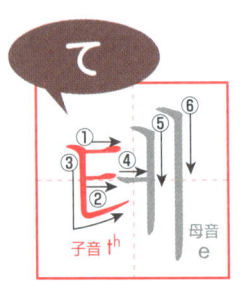

て 테 (子音 tʰ / 母音 e)

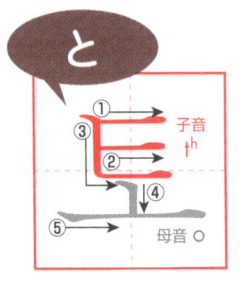

と 토 (子音 tʰ / 母音 o)

PART 2 ◆ 「ぱ」、小さい「ゃ」などを覚えよう

STEP 2 横罫上に、強く吐き出す「た行」のハングルをバランスよく書きましょう。

타

치

쯔

떼

또

STEP 3 ここまでとは違う語順で、強く吐き出す「た行」のハングルを書きましょう。

た	て	ち	つ	て	と	た	と

# 3ステップで 語中の清音 ぱ行を マスター

STEP 1 左右／上下のバランスを見ながら、ハングルをなぞり書きしましょう。

月　　日

★なぞり部分と点線はだんだん薄くなって、なくなり、2行めでは外枠のみになります。
　なぞりと点線なしでもバランスよく書けるように練習してみましょう。

ぱ
子音 p^h　母音 a

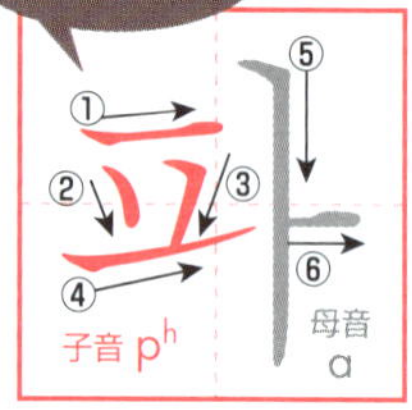

ぴ
子音 p^h　母音 i

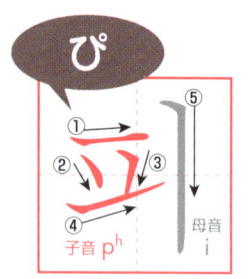

ぷ
子音 p^h　母音 u

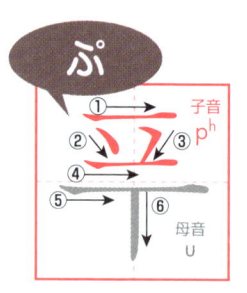

ぺ
子音 p^h　母音 e

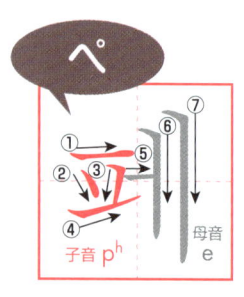

ぽ
子音 p^h　母音 o

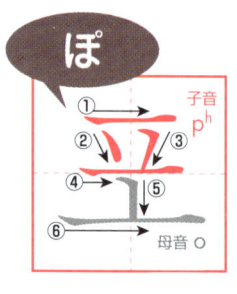

PART 2 ◆ 「ぱ」、小さい「ゃ」などを覚えよう

STEP 2
横罫上に、強く吐き出す「ぱ行」のハングルをバランスよく書きましょう。

파
퓨
푸
페
포

STEP 3
ここまでとは違う語順で、強く吐き出す「ぱ行」のハングルを書きましょう。

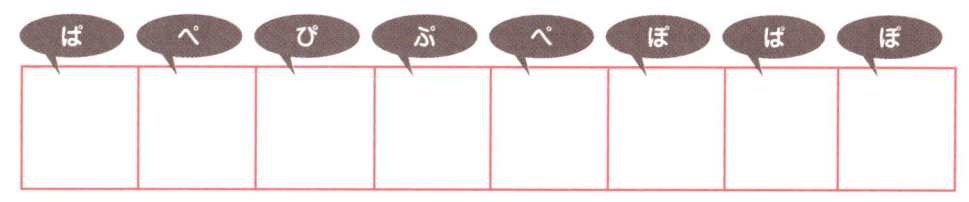

ぱ	ぺ	ぴ	ぷ	ぺ	ぽ	ぱ	ぽ

固有名詞を書いてみよう②

ここまでに身につけた「ぱ行」、拗音、濁音などを含む日本の固有名詞をハングルで書いてみましょう。

地方

☐ 北海道
홋카이도
hot kʰa i do
ほっ か い ど

☐ 関東
간토
kan tʰo
かん と

☐ 近畿
긴키
kin kʰi
きん き

☐ 四国
시코쿠
si kʰo kʰu
し こ く

☐ 九州
규슈
kyu shu
きゅ しゅ

ハングル表記で注意すること

● 小さい「っ」を表すとき
促音「っ」はパッチム「ㅅ」で表します(「ㅅ」は「さ行」の子音(s)ですが、パッチムのときは「t」の音で発音されます)。

● のばす音は表さない
発音のときにのばす音はハングルで表せないので、「北海道(→ほっかいどー)」は「ほっかいど」と表します。

● 語中で濁らない音を表すとき
「か行」「た行」「ぱ行」「ちゃ行」のハングルは、そのまま語中で使うと濁る音になるので、語中の清音には激音を使います(p.44参照)。

★日本の固有名詞をハングルで表す場合の正式な規則はありません。本書では一般的な表記例を紹介しています。

※「東北、中部、中国(地方)」は、同じ意味の韓国語で表す場合があるので、ここでは省略しています。

PART 2 ◆ 「ぱ」、小さい「ゃ」などを覚えよう

都市

☐ 札幌
삿포로
sat pʰo lo
さっ ぽ ろ

☐ 仙台
센다이
sen da i
せん だ い

☐ 新宿
신주쿠
sin ju kʰu
しん じゅ く

☐ 横浜
요코하마
yo kʰo ha ma
よ こ は ま

☐ 金沢
가나자와
ka na ja wa
か な ざ わ

☐ 名古屋
나고야
na go ya
な ご や

☐ 神戸
고베
ko be
こ べ

☐ 那覇
나하
na ha
な は

53

都道府県

□ 青森
아오모리
a / o / mo / li
あ / お / も / り

□ 秋田
아키타
a / kʰi / tʰa
あ / き / た

□ 岩手
이와테
i / wa / tʰe
い / わ / て

□ 山形
야마가타
ya / ma / ga / tʰa
や / ま / が / た

□ 宮城
미야기
mi / ya / gi
み / や / ぎ

□ 福島
후쿠시마
hu / kʰu / si / ma
ふ / く / し / ま

□ 茨城
이바라키
i / ba / la / kʰi
い / ば / ら / き

□ 栃木
도치기
to / chʰi / gi
と / ち / ぎ

※「北海道」は地方名としてp.52で練習したので、ここでは省略しています。

PART 2 ◆ 「ぱ」、小さい「ゃ」などを覚えよう

☐ 群馬
군마
kun ma
くん ま

☐ 埼玉
사이타마
sa i tʰa ma
さ い た ま

☐ 千葉
지바
chi ba
ち ば

☐ 東京
도쿄
to kʰyo
と きょ

☐ 神奈川
가나가와
ka na ga wa
か な が わ

☐ 山梨
야마나시
ya ma na si
や ま な し

☐ 長野
나가노
na ga no
な が の

☐ 新潟
니가타
ni ga tʰa
に が た

55

☐ 富山
도야마
to ya ma
と や ま

☐ 石川
이시카와
i si kʰa wa
い し か わ

☐ 福井
후쿠이
hu kʰu i
ふ く い

☐ 岐阜
기후
ki hu
き ふ

☐ 静岡
시즈오카
si ju o kʰa
し ず お か

☐ 愛知
아이치
a i chʰi
あ い ち

☐ 三重
미에
mi e
み え

☐ 滋賀
시가
si ga
し が

56

PART 2 ◆ 「ぱ」、小さい「ゃ」などを覚えよう

☐ 京都
교토
kyo tʰo
きょ と

☐ 大阪
오사카
o sa kʰa
お さ か

☐ 兵庫
효고
hyo go
ひょ ご

☐ 奈良
나라
na la
な ら

☐ 和歌山
와카야마
wa kʰa ya ma
わ か や ま

☐ 鳥取
돗토리
tot tʰo li
とっ と り

☐ 島根
시마네
si ma ne
し ま ね

☐ 岡山
오카야마
o kʰa ya ma
お か や ま

☐ 広島

히로시마
hi ro si ma
ひ ろ し ま

☐ 山口

야마구치
ya ma gu chʰi
や ま ぐ ち

☐ 徳島

도쿠시마
to kʰu si ma
と く し ま

☐ 香川

가가와
ka ga wa
か が わ

☐ 愛媛

에히메
e hi me
え ひ め

☐ 高知

고치
ko chʰi
こ ち

☐ 福岡

후쿠오카
hu kʰu o kʰa
ふ く お か

☐ 佐賀

사가
sa ga
さ が

PART 2 ◆ 「ぱ」、小さい「ゃ」などを覚えよう

☐ 長崎
나가사키
na ga sa kʰi
な　が　さ　き

☐ 熊本
구마모토
ku ma mo tʰo
く　ま　も　と

☐ 大分
오이타
o i tʰa
お　い　た

☐ 宮崎
미야자키
mi ya ja kʰi
み　や　ざ　き

☐ 鹿児島
가고시마
ka go si ma
か　ご　し　ま

☐ 沖縄
오키나와
o kʰi na wa
お　き　な　わ

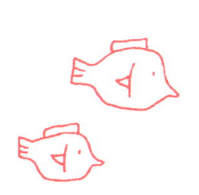

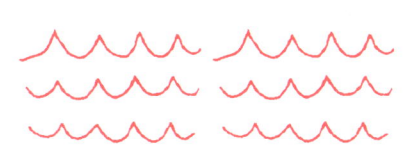

59

名字

- ☐ 佐藤　사토
- ☐ 鈴木　스즈키
- ☐ 高橋　다카하시
- ☐ 渡辺　와타나베
- ☐ 田中　다나카
- ☐ 伊藤　이토
- ☐ 山本　야마모토
- ☐ 中村　나카무라

PART 2 ◆「ぱ」、小さい「ゃ」などを覚えよう

☐ 小林
고바야시
ko ba ya si
こ ば や し

☐ 斉藤
사이토
sa i tʰo
さ い と

☐ 加藤
가토
ka tʰo
か と

☐ 吉田
요시다
yo si da
よ し だ

☐ 山田
야마다
ya ma da
や ま だ

☐ 佐々木
사사키
sa sa kʰi
さ さ き

☐ 松本
마츠모토
ma chʰu mo tʰo
ま つ も と

☐ 清水
시미즈
si mi ju
し み ず

61

名前

- □ 明日香
  아스카
  a / su / kʰa
  あ / す / か

- □ 香織
  가오리
  ka / o / li
  か / お / り

- □ さくら
  사쿠라
  sa / kʰu / la
  さ / く / ら

- □ 智子
  도모코
  to / mo / kʰo
  と / も / こ

- □ 麻衣
  마이
  ma / i
  ま / い

- □ 美穂
  미호
  mi / ho
  み / ほ

- □ 恵
  메구미
  me / gu / mi
  め / ぐ / み

- □ 結衣
  유이
  yu / i
  ゆ / い

PART 2 ◆ 「ぱ」、小さい「ゃ」などを覚えよう

漢字	ハングル	ローマ字	かな
☐ 和彦	가즈히코	ka ju hi kʰo	か ず ひ こ
☐ 浩一	고이치	ko i chʰi	こ い ち
☐ 翔太	쇼타	sho tʰa	しょ た
☐ 大輔	다이스케	ta i su kʰe	た い す け
☐ 達也	다츠야	ta chʰu ya	た つ や
☐ 哲夫	데츠오	te chʰu o	て つ お
☐ 徹	도루	to lu	と る
☐ 直人	나오토	na o tʰo	な お と

63

地名 や 名前 を 書いてみよう

★自分が住んでいるところや、自分の名前、お友達の名前などをハングルに置き換えて書く練習をしましょう。置き換えるハングルがわからないときは、右ページの一覧表を参照してください。

地名や名前を自由に練習してみましょう。

PART 2 ◆ 「ぱ」、小さい「ゃ」などを覚えよう

あいうえお→ハングル置き換え一覧表

	あ→아	い→이	う→우	え→에	お→오
語頭：清音 語中：濁音	か→가	き→기	く→구	け→게	こ→고
	きゃ→갸		きゅ→규		きょ→교
語中：清音	か→카	き→키	く→쿠	け→케	こ→코
	さ→사	し→시	す→스	せ→세	そ→소
	しゃ→샤		しゅ→슈		しょ→쇼
	ざ→자	じ→지	ず→즈	ぜ→제	ぞ→조
語頭：清音 語中：濁音 （「つ」を除く）	た→다	ち→지	つ→쓰	て→데	と→도
	ちゃ→자		ちゅ→주		ちょ→조
語中：清音	た→타	ち→치	つ→쓰	て→테	と→토
	な→나	に→니	ぬ→누	ね→네	の→노
	にゃ→냐		にゅ→뉴		にょ→뇨
	は→하	ひ→히	ふ→후	へ→헤	ほ→호
	ひゃ→햐		ひゅ→휴		ひょ→효
語頭：「ぱ・ぴゃ行」 語中：「ぱ・ぴゃ行」	ぱ→바	ぴ→비	ぷ→부	ぺ→베	ぽ→보
	ぴゃ→뱌		ぴゅ→뷰		ぴょ→뵤
語中：清音	ぱ→파	ぴ→피	ぷ→푸	ぺ→페	ぽ→포
	ま→마	み→미	む→무	め→메	も→모
	みゃ→먀		みゅ→뮤		みょ→묘
	や→야		ゆ→유		よ→요
	ら→라	り→리	る→루	れ→레	ろ→로
	りゃ→랴		りゅ→류		りょ→료
	わ→와				ん→ㄴ（パッチム）

※「つ」の濁音「づ」には、「ず」즈(ju)を代用します。

65

PART 3 韓国語でしか使わないハングル

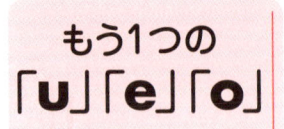

もう1つの「u」「e」「o」

PART 1では比較的日本語の音に近い母音「う」「え」「お」を覚えましたが、そのほかに、もう1つの「u」「e」「o」があります。韓国語では、p.4で覚えた母音5つと次の ㅡ、ㅐ、ㅓ を合わせた8つが、基本母音として扱われます。

ちょっと練習

←横長の母音→

u ㅡ 「い」の口の形で「ウ」と発音
日本語の「う」とは異なる音です。

e ㅐ 「あ」の口の形で「エ」と発音
もう1つの「え(ㅔ)」と発音の違いはあまりありません。

o ㅓ 「あ」の口の形で「オ」と発音
日本語の「お」とは異なる音です。

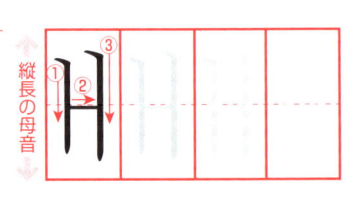

ほかにもある y音

PART 1で覚えた「や」「ゆ」「よ」のほかにも、「や行(y)」の母音があります。これらは半母音と呼ばれます。

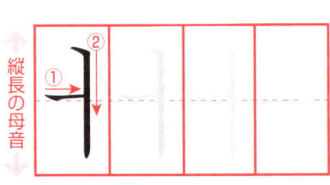

ye ㅖ 「イェ」と発音
ㅔ(e)に横棒を加えたもの

ye ㅒ 「イェ」と発音
ㅐ(e)に横棒を加えたもの

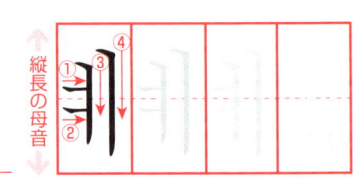

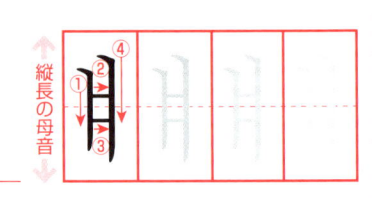

yo ㅕ 「あ」の口の形で「ヨ」と発音
ㅓ(o)に横棒を加えたもの

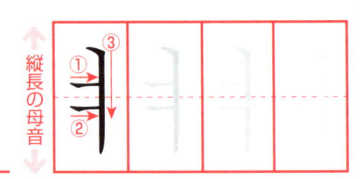

66

PART 3 ◆ 韓国語でしか使わないハングル

ほかにもある w音

PART 1で覚えた「わ」のほかにも、「わ行（w）」の母音があります。

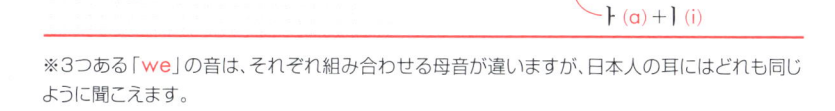

ちょっと練習

子音はこの部分に組み合わせます

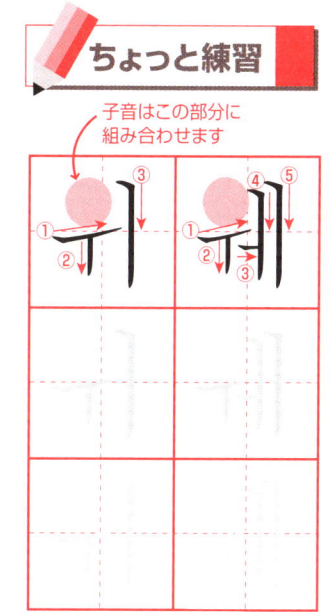

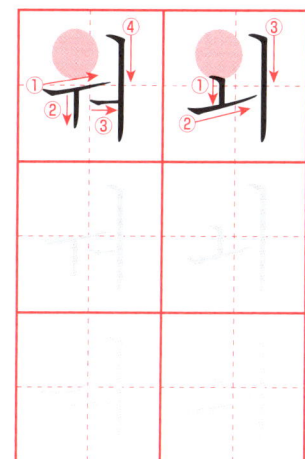

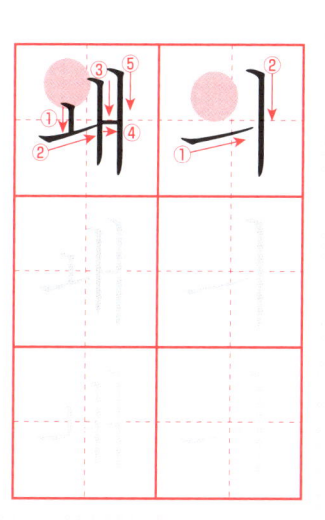

wi ㅟ 「ウィ」と発音 ㅜ(u) と ㅣ(i) の組み合わせ

we ㅞ 「ウェ」と発音 ㅜ(u) と ㅔ(e) の組み合わせ
　↑ ㅓ(o)＋ㅣ(i)

wo ㅝ 「ウォ」と発音 ㅜ(u) と ㅓ(o) の組み合わせ

we ㅚ 「ウェ」と発音 ㅗ(o) と ㅣ(i) の組み合わせ

we ㅙ 「ウェ」と発音 ㅗ(o) と ㅐ(e) の組み合わせ
　↑ ㅏ(a)＋ㅣ(i)

※3つある「we」の音は、それぞれ組み合わせる母音が違いますが、日本人の耳にはどれも同じように聞こえます。

もう1つの「u」と「i」を組み合わせた母音もあります。これは二重母音と呼ばれ、半母音「y」「w」とは違う音になります。

ui ㅢ 「い」の口の形で一気に「ウィ」と発音 ㅡ(u) と ㅣ(i) の組み合わせ

67

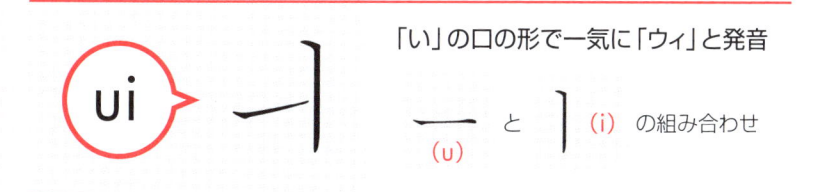

もう1つの「う」 基本母音 U をマスター

月　日

左右／上下のバランスを見ながら、ハングルをなぞり書きしましょう。

★なぞり部分と点線はだんだん薄くなって、なくなり、2行めでは外枠のみになります。
　なぞりと点線なしでもバランスよく書けるように練習してみましょう。

u ウ　ゼロ子音 / 母音 U

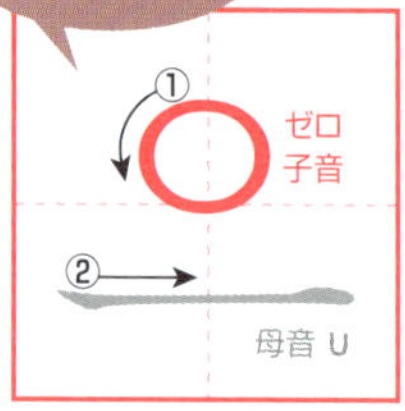

ku ク　子音 k / 母音 U

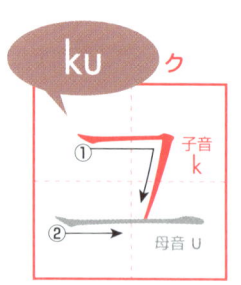

su ス　子音 s / 母音 U

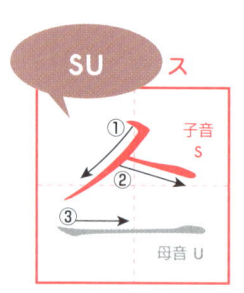

chu チュ　子音 ch / 母音 U

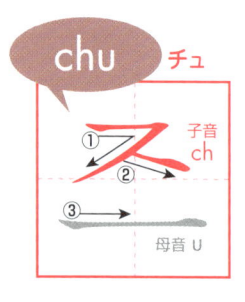

tu トゥ　子音 t / 母音 U

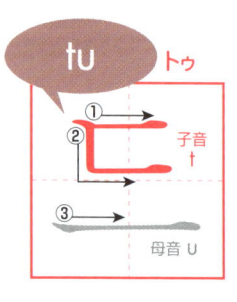

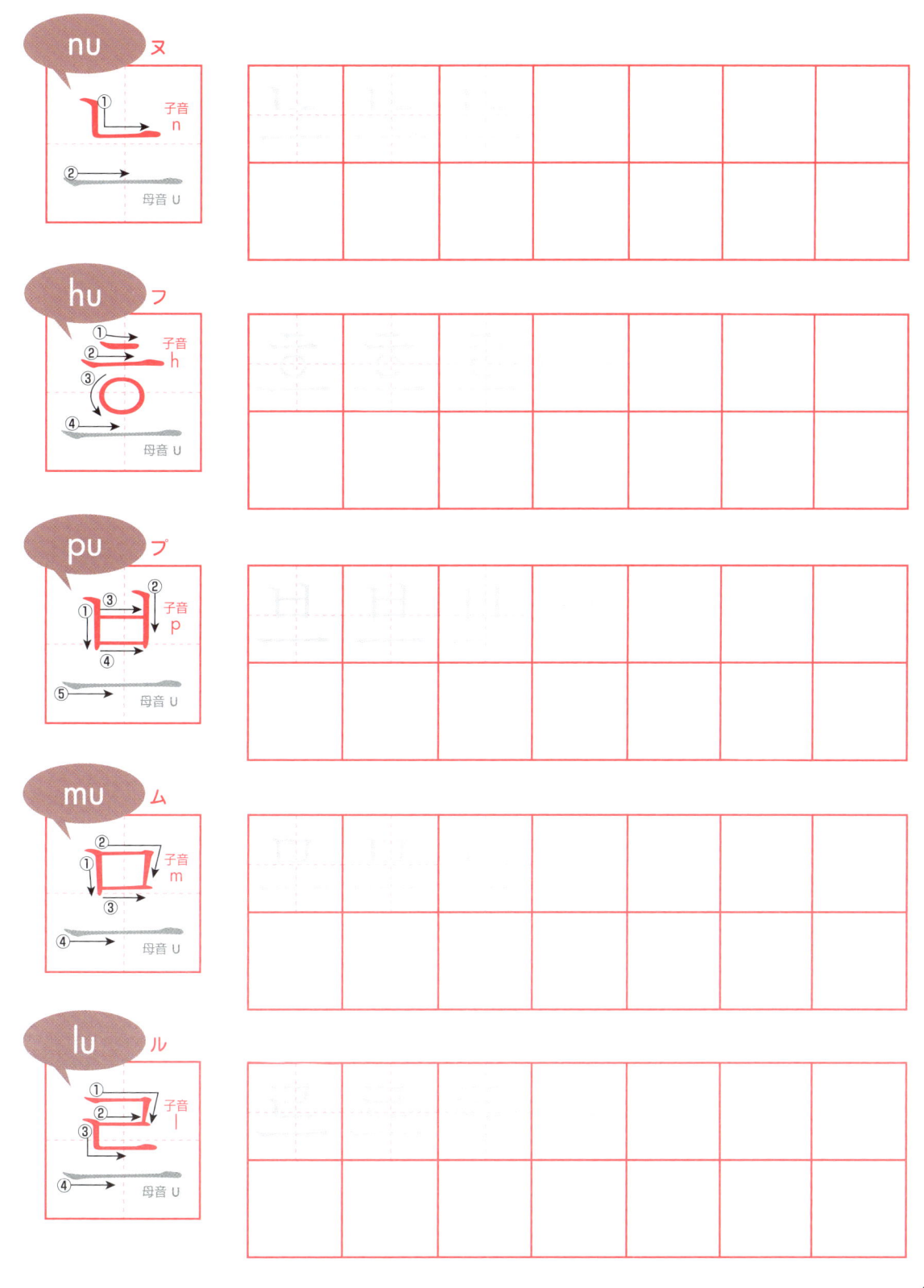

PART 3 ◆ 韓国語でしか使わないハングル

nu ヌ
子音 n
母音 u

hu フ
子音 h
母音 u

pu プ
子音 p
母音 u

mu ム
子音 m
母音 u

lu ル
子音 l
母音 u

69

もう1つの「え」
基本母音 e をマスター

左右／上下のバランスを見ながら、ハングルをなぞり書きしましょう。

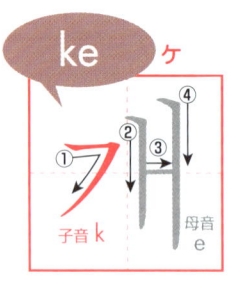

月　　　日

★なぞり部分と点線はだんだん薄くなって、なくなり、2行めでは外枠のみになります。
　なぞりと点線なしでもバランスよく書けるように練習してみましょう。

e エ　ゼロ子音／母音 e　애

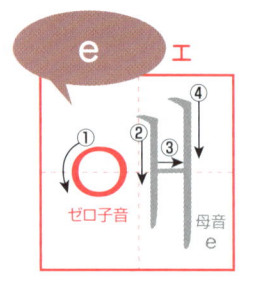

ke ケ　子音 k／母音 e　개

se セ　子音 s／母音 e　새

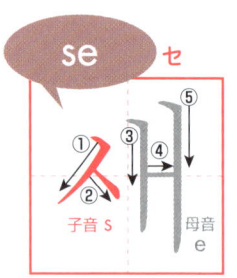

che チェ　子音 ch／母音 e　재

te テ　子音 t／母音 e　대

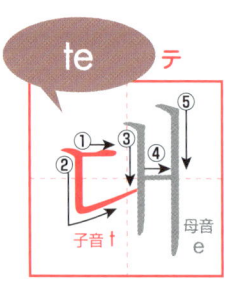

PART 3 ◆ 韓国語でしか使わないハングル

ne ネ
子音 n 母音 e

he ヘ
子音 h 母音 e

pe ペ
子音 p 母音 e

me メ
子音 m 母音 e

le レ
子音 l 母音 e

もう1つの「お」
基本母音 ㅓ をマスター

左右／上下のバランスを見ながら、ハングルをなぞり書きしましょう。

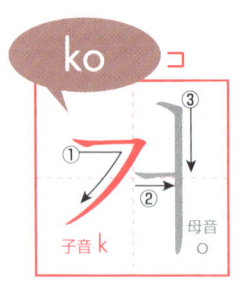

月　　　日

★なぞり部分と点線はだんだん薄くなって、なくなり、2行めでは外枠のみになります。なぞりと点線なしでもバランスよく書けるように練習してみましょう。

o / オ　어　ゼロ子音 ㅇ ／ 母音 ㅓ

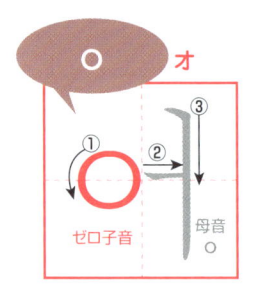

ko / コ　커　子音 k ／ 母音 ㅓ

so / ソ　서　子音 s ／ 母音 ㅓ

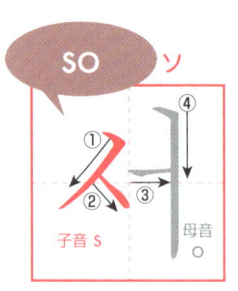

cho / チョ　처　子音 ch ／ 母音 ㅓ

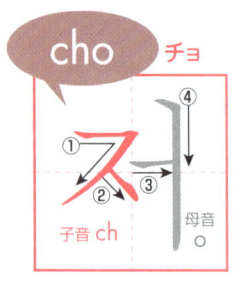

to / ト　더　子音 t ／ 母音 ㅓ

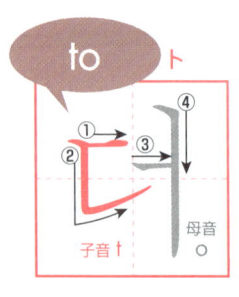

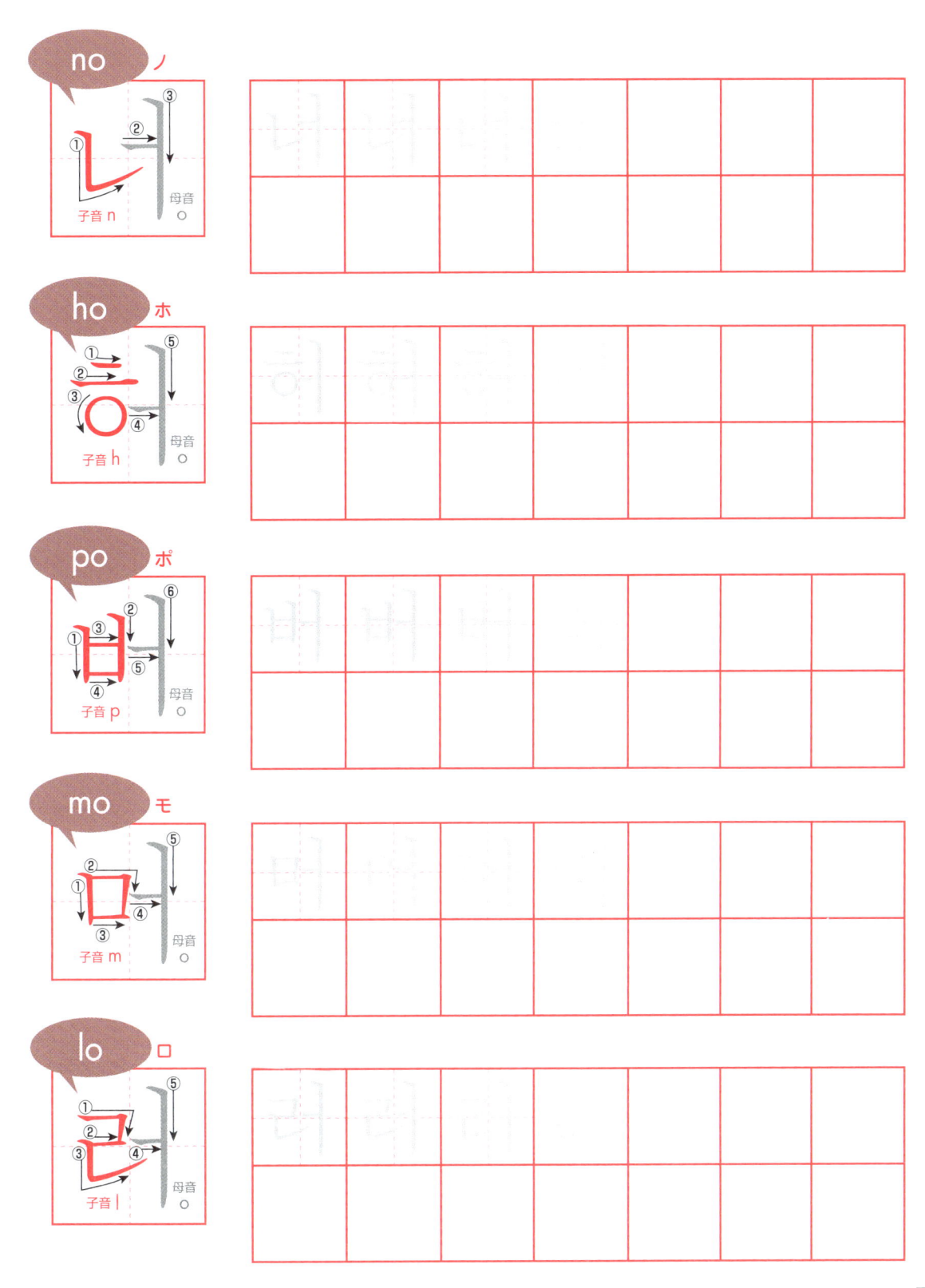

PART 3 ◆ 韓国語でしか使わないハングル

no ノ
너
子音 n　母音 ㅓ

ho ホ
허
子音 h　母音 ㅓ

po ポ
버
子音 p　母音 ㅓ

mo モ
머
子音 m　母音 ㅓ

lo ロ
러
子音 l　母音 ㅓ

73

「y」の母音

半母音 y をマスター

左右／上下のバランスを見ながら、
ハングルをなぞり書きしましょう。

月　　　日

★なぞり部分と点線はだんだん薄くなって、なくなり、2行めでは外枠のみになります。
　なぞりと点線なしでもバランスよく書けるように練習してみましょう。

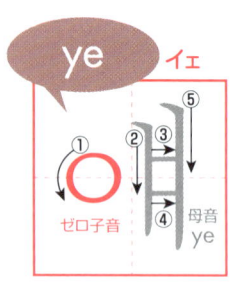

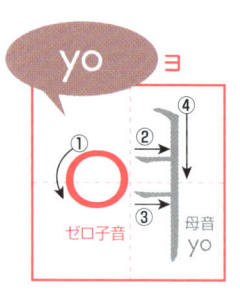

ye イェ
ゼロ子音 / 母音 ye

ye イェ
ゼロ子音 / 母音 ye

yo ヨ
ゼロ子音 / 母音 yo

「y」でも「w」でもない、「u+母音」の二重母音もなぞり書きしましょう。

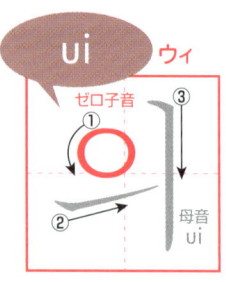

ui ウィ
ゼロ子音 / 母音 ui

「w」の母音 半母音 **w** をマスター

PART 3 ◆ 韓国語でしか使わないハングル

月　　日

左右／上下のバランスを見ながら、
ハングルをなぞり書きしましょう。

★なぞり部分と点線はだんだん薄くなって、なくなり、2行めでは外枠のみになります。
　なぞりと点線なしでもバランスよく書けるように練習してみましょう。

wi ウィ
ゼロ子音　母音 wi

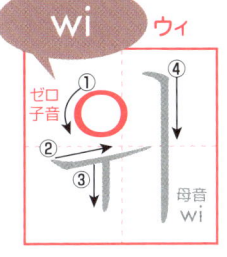

we ウェ
ゼロ子音　母音 we

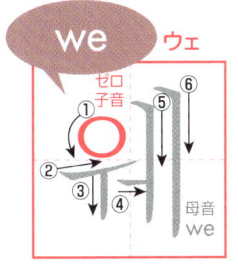

wo ウォ
ゼロ子音　母音 wo

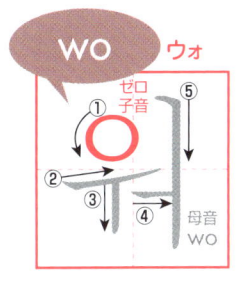

we ウェ
ゼロ子音　母音 we

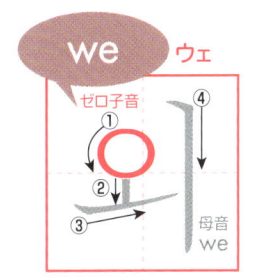

we ウェ
ゼロ子音　母音 we

75

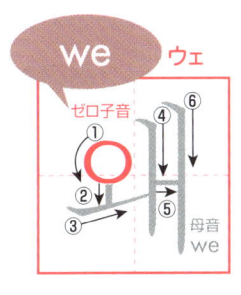

激音(げきおん)

韓国語の子音には、強く吐き出すように発音する激音があります。PART 1で覚えた「は行」の子音と、PART 2で覚えた語中の清音「か行」「た行」「ぱ行」に使う子音がこれに含まれます。では、「は行」「か行」以外の激音を、母音を組み合わせて見てみましょう。

強く吐き出す「た行」の音

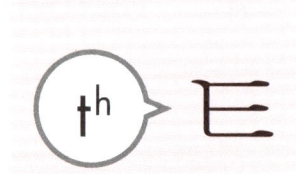

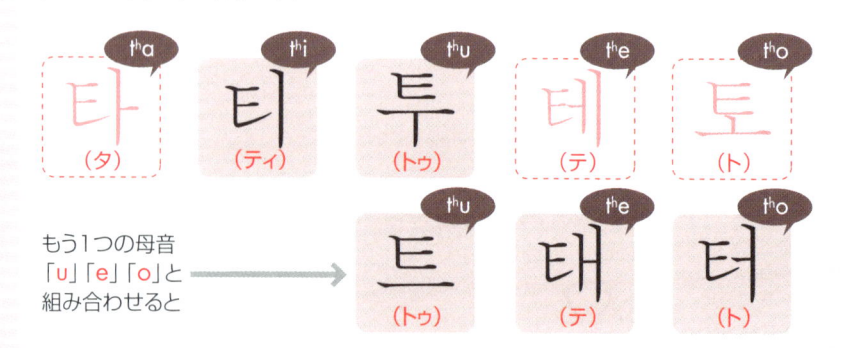

t^h → ㅌ

타 (t^ha)	티 (t^hi)	투 (t^hu)	테 (t^he)	토 (t^ho)
(タ)	(ティ)	(トゥ)	(テ)	(ト)

もう1つの母音「u」「e」「o」と組み合わせると →

트 (t^hu)	태 (t^he)	터 (t^ho)
(トゥ)	(テ)	(ト)

★点線囲み部分は語中の清音「た」「て」「と」(p.44参照)としてすでに覚えましたが、韓国語特有の発音として、再度確認しましょう。

強く吐き出す「ぱ行」の音

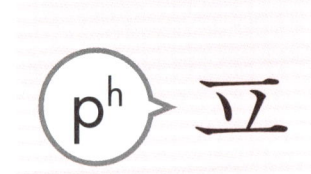

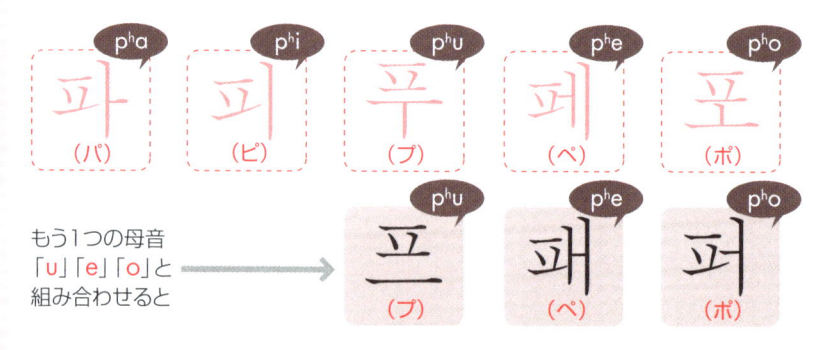

p^h → ㅍ

파 (p^ha)	피 (p^hi)	푸 (p^hu)	페 (p^he)	포 (p^ho)
(パ)	(ピ)	(プ)	(ペ)	(ポ)

もう1つの母音「u」「e」「o」と組み合わせると →

프 (p^hu)	패 (p^he)	퍼 (p^ho)
(プ)	(ペ)	(ポ)

★点線囲み部分は語中の清音「ぱ行」(p.45参照)としてすでに覚えましたが、韓国語特有の発音として、再度確認しましょう。

強く吐き出す「ちゃ行」の音

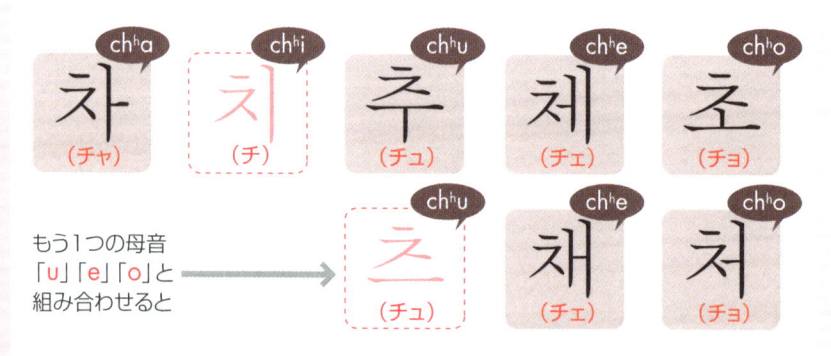

ch^h → ㅊ

차 (ch^ha)	치 (ch^hi)	추 (ch^hu)	체 (ch^he)	초 (ch^ho)
(チャ)	(チ)	(チュ)	(チェ)	(チョ)

もう1つの母音「u」「e」「o」と組み合わせると →

츠 (ch^hu)	채 (ch^he)	처 (ch^ho)
(チュ)	(チェ)	(チョ)

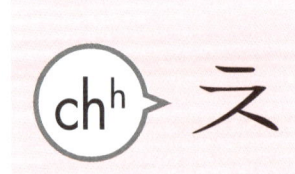

★点線囲み部分は語中の清音「ち」「つ」(p.44参照)としてすでに覚えましたが、韓国語特有の発音として、再度確認しましょう。

PART 3 ◆ 韓国語でしか使わないハングル

濃音(のうおん)

韓国語の子音には、のどをしめつけるように発音する濃音があります。同じ子音が2つ横に並んだ形をしていて、それぞれ平音と同じグループの音になります。では、母音「あ」と組み合わせて、濃音を見てみましょう。

---

kk → ㄲ

息を出さずに「ッカ」と言う感じの音

| 까 (ッカ) kka | 끼 (ッキ) kki | 꾸 (ック) kku | 께 (ッケ) kke | 꼬 (ッコ) kko |

---

ss → ㅆ

息を出さずに「ッサ」と言う感じの音

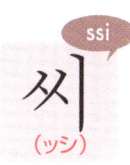

| 싸 (ッサ) ssa | 씨 (ッシ) ssi | 쑤 (ッス) ssu | 쎄 (ッセ) sse | 쏘 (ッソ) sso |

---

tt → ㄸ

息を出さずに「ッタ」と言う感じの音

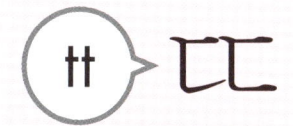

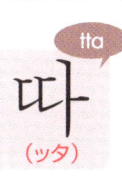

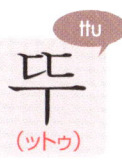

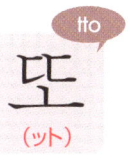

| 따 (ッタ) tta | 띠 (ッティ) tti | 뚜 (ットゥ) ttu | 떼 (ッテ) tte | 또 (ット) tto |

---

pp → ㅃ

息を出さずに「ッパ」と言う感じの音

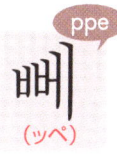

| 빠 (ッパ) ppa | 삐 (ッピ) ppi | 뿌 (ップ) ppu | 뻬 (ッペ) ppe | 뽀 (ッポ) ppo |

---

cch → ㅉ

息を出さずに「ッチャ」と言う感じの音

| 짜 (ッチャ) ccha | 찌 (ッチ) cchi | 쭈 (ッチュ) cchu | 쩨 (ッチェ) cche | 쪼 (ッチョ) ccho |

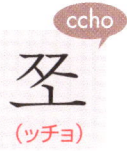

激音・濃音と平音の関係

激音・濃音と平音の発音は、次のようなグループ関係にあります。

激音	ㅋ (k^h)		ㅌ (t^h)	ㅍ (p^h)	ㅊ (ch^h)	ㅎ (h)
	↑		↑	↑	↑	
平音	ㄱ (k)	ㅅ (s)	ㄷ (t)	ㅂ (p)	ㅈ (ch)	
	↓	↓	↓	↓	↓	
濃音	ㄲ (kk)	ㅆ (ss)	ㄸ (tt)	ㅃ (pp)	ㅉ (cch)	

※激音ㅎには、グループ関係にある平音、濃音はありません。

77

強く吐き出す音 激音 ㅌ(tʰ) をマスター

左右／上下のバランスを見ながら、ハングルをなぞり書きしましょう。

　　　　　　　　　　　月　　　日

★なぞり部分と点線はだんだん薄くなって、なくなり、2行めでは外枠のみになります。
　なぞりと点線なしでもバランスよく書けるように練習してみましょう。

tʰi　ティ　티

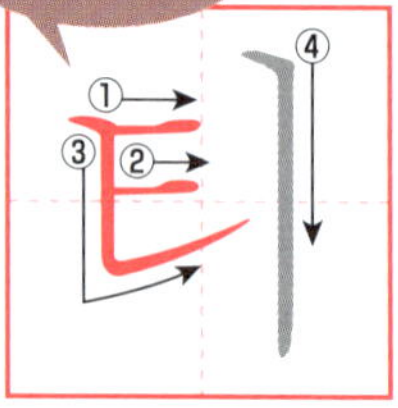

tʰu　トゥ　투

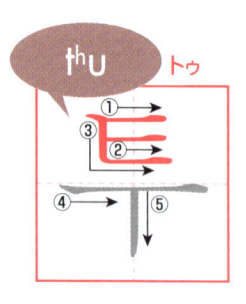

tʰu　トゥ　트

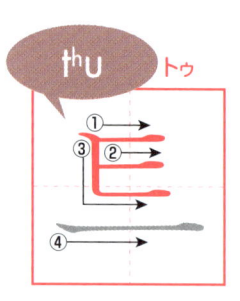

tʰe　テ　태

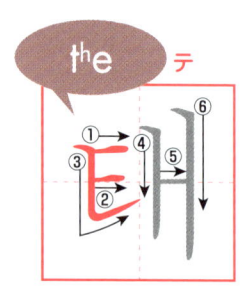

tʰo　ト　터

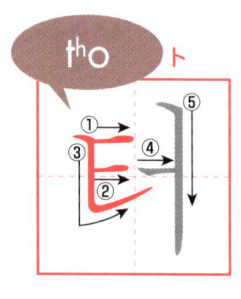

強く吐き出す音

激音 pʰ をマスター

PART 3 ◆ 韓国語でしか使わないハングル

月　　日

左右／上下のバランスを見ながら、
ハングルをなぞり書きしましょう。

★なぞり部分と点線はだんだん薄くなって、なくなり、2行めでは外枠のみになります。
　なぞりと点線なしでもバランスよく書けるように練習してみましょう。

pʰu　プ

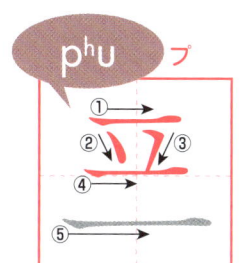

pʰe　ペ

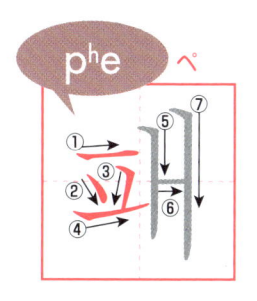

pʰo　ポ

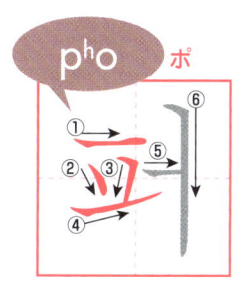

79

強く吐き出す音
激音 chʰ をマスター

左右／上下のバランスを見ながら、ハングルをなぞり書きしましょう。

月　　日

★なぞり部分と点線はだんだん薄くなって、なくなり、2行めでは外枠のみになります。
　なぞりと点線なしでもバランスよく書けるように練習してみましょう。

chʰa チャ

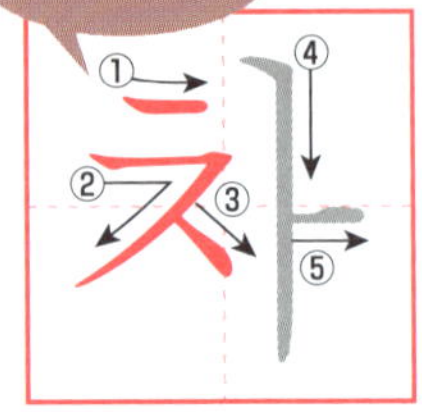

chʰu チュ

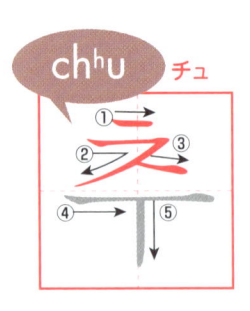

chʰe チェ

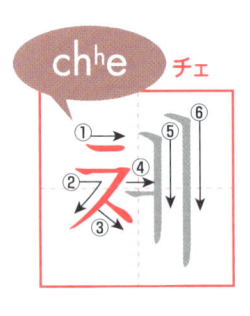

chʰe チェ

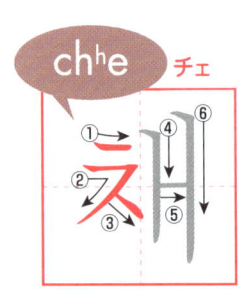

80

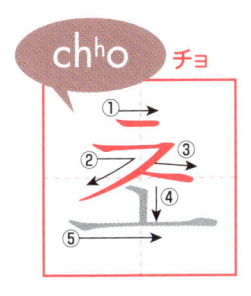

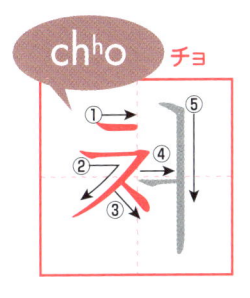

PART 3 ◆ 韓国語でしか使わないハングル

chʰo チョ
초

chʰo チョ
처

息を出さずに発音

濃音 kk をマスター

左右／上下のバランスを見ながら、ハングルをなぞり書きしましょう。

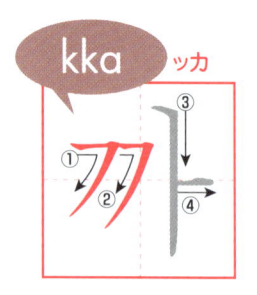

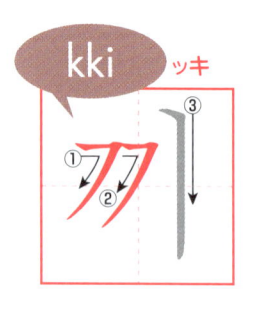

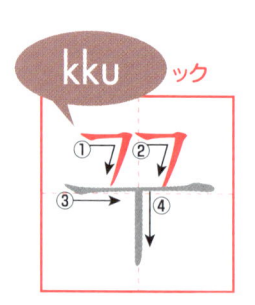

月　　日

★なぞり部分と点線はだんだん薄くなって、なくなり、2行めでは外枠のみになります。
　なぞりと点線なしでもバランスよく書けるように練習してみましょう。

kka ッカ

kki ッキ

kku ック

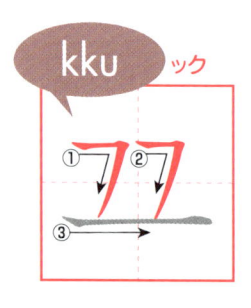

kku ック

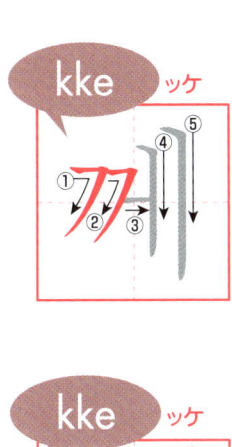

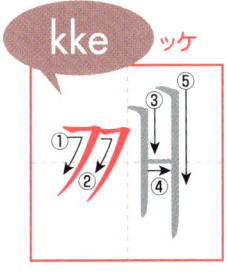

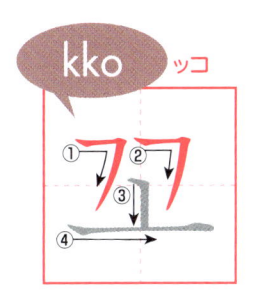

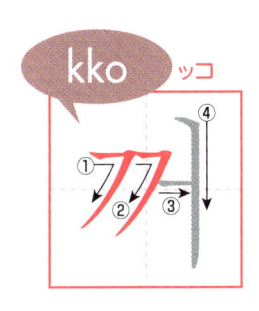

PART 3 ◆ 韓国語でしか使わないハングル

kke ッケ

kke ッケ

kko ッコ

kko ッコ

83

息を出さずに発音 濃音 **ss** をマスター

左右／上下のバランスを見ながら、ハングルをなぞり書きしましょう。

月　　日

★なぞり部分と点線はだんだん薄くなって、なくなり、2行めでは外枠のみになります。
　なぞりと点線なしでもバランスよく書けるように練習してみましょう。

ssa ッサ　　싸

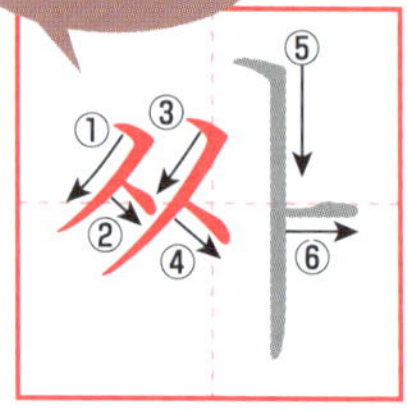

ssi ッシ　　씨

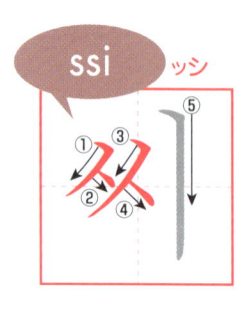

ssu ッス　　쑤

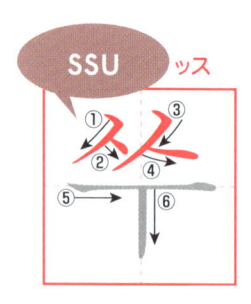

ssu ッス　　쓰

84

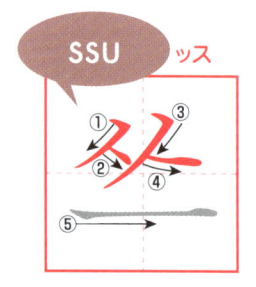

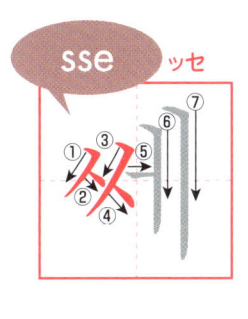

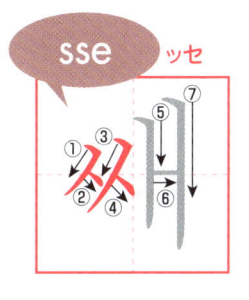

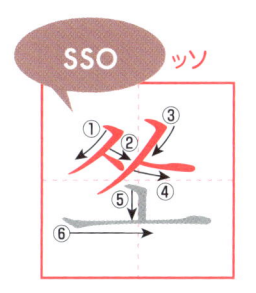

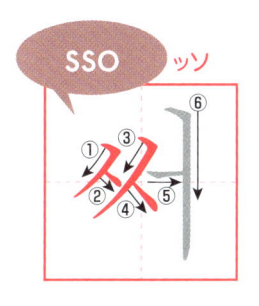

PART 3 ◆ 韓国語でしか使わないハングル

sse ッセ
쎄

sse ッセ
쎄

sso ッソ
쏘

sso ッソ
쏘

息を出さずに発音 濃音 ㄸ をマスター

月　　日

左右／上下のバランスを見ながら、ハングルをなぞり書きしましょう。

★なぞり部分と点線はだんだん薄くなって、なくなり、2行めでは外枠のみになります。
　なぞりと点線なしでもバランスよく書けるように練習してみましょう。

tta ッタ

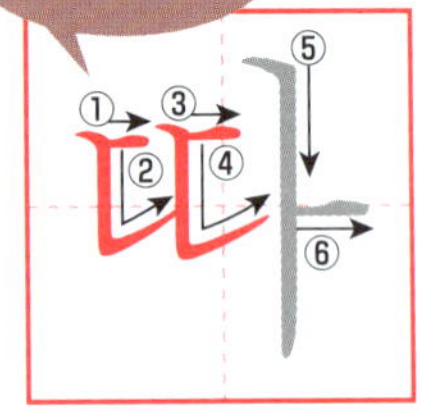

tti ッティ

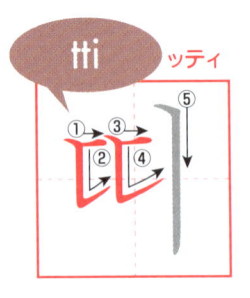

ttu ットゥ

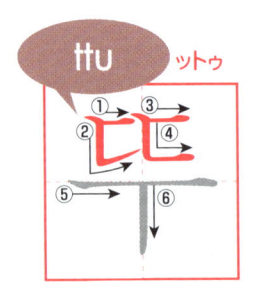

ttu ットゥ

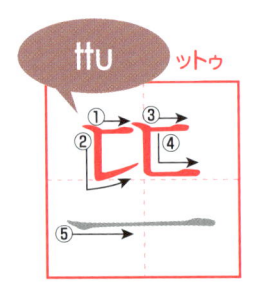

86

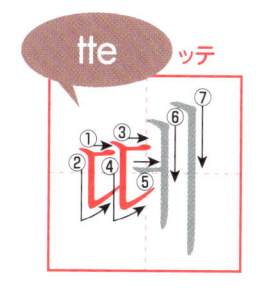

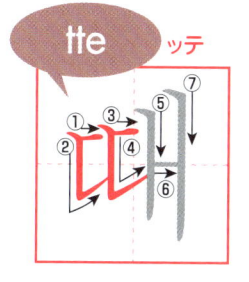

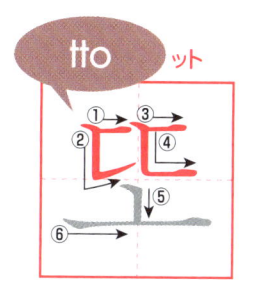

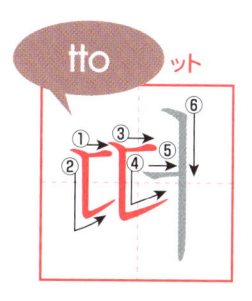

PART 3 ◆ 韓国語でしか使わないハングル

tte ッテ 떼

tte ッテ 때

tto ット 또

tto ット 떠

息を出さずに発音　濃音　cch をマスター

月　日

左右／上下のバランスを見ながら、
ハングルをなぞり書きしましょう。

★なぞり部分と点線はだんだん薄くなって、なくなり、2行めでは外枠のみになります。
　なぞりと点線なしでもバランスよく書けるように練習してみましょう。

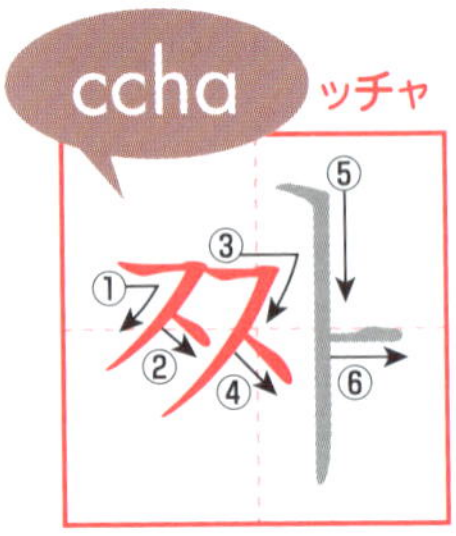

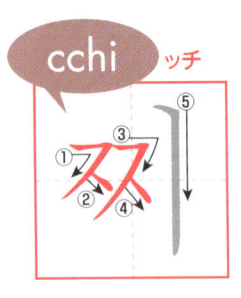

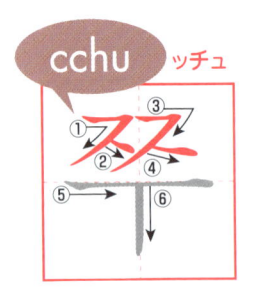

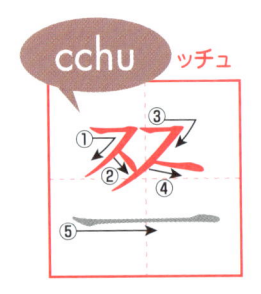

ccha ッチャ

cchi ッチ

cchu ッチュ

cchu ッチュ

88

PART 3 ◆ 韓国語でしか使わないハングル

cche ッチェ

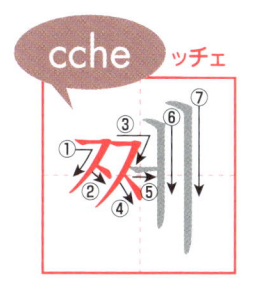

쩨

cche ッチェ

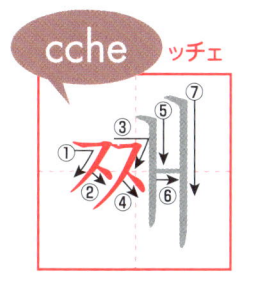

쩨

ccho ッチョ

쪼

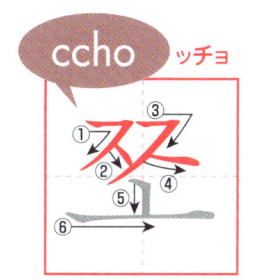

ccho ッチョ

쪄

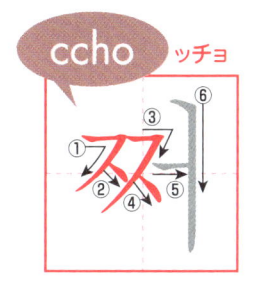

息を出さずに発音 濃音 **pp** をマスター

月　　　日

左右／上下のバランスを見ながら、ハングルをなぞり書きしましょう。

★なぞり部分と点線はだんだん薄くなって、なくなり、2行めでは外枠のみになります。
　なぞりと点線なしでもバランスよく書けるように練習してみましょう。

ppa ッパ

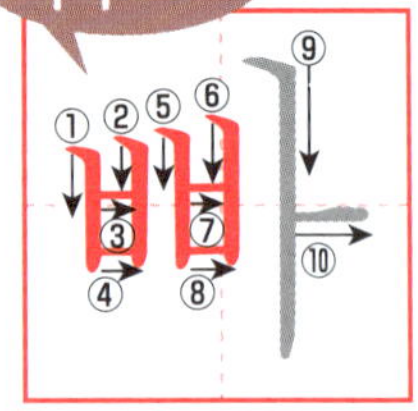

ppi ッピ

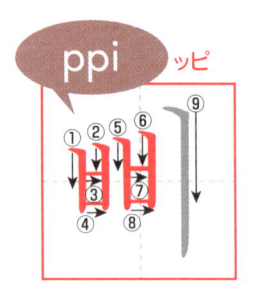

ppu ップ

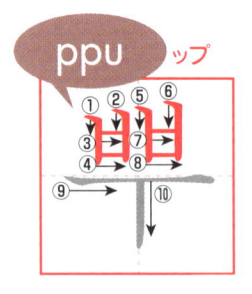

ppu ップ

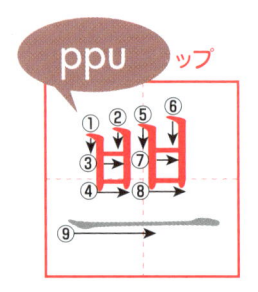

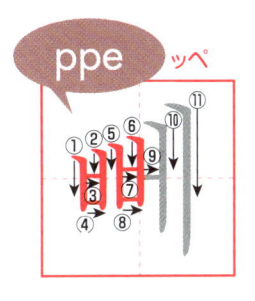

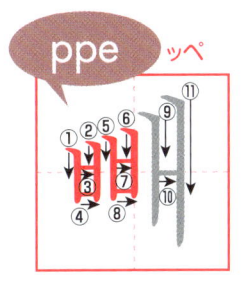

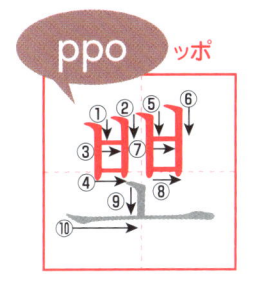

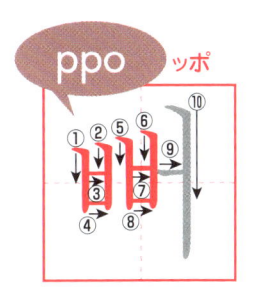

PART 3 ◆ 韓国語でしか使わないハングル

ppe ッペ

ppe ッペ

ppo ッポ

ppo ッポ

韓国語を書いてみよう

漢字語

韓国語には、もともと漢字で表していた単語をハングルに置き換えた「漢字語」があり、日本の読みと音が似ている単語は何となく意味が想像できてしまいます。また、外来語（おもに英語）も、もとの音に近いハングルをあてているため、意味が想像しやすい単語になっています。

□ 家族
가족
ka jok
カ ジョク

□ 市民
시민
si min
シ ミン

□ 新聞
신문
sin mun
シン ムン

□ 写真
사진
sa jin
サ ジン

□ 教科書
교과서
kyo gwa so
キョ グァ ソ

□ 家具
가구
ka gu
カ グ

□ 道路
도로
to lo
ト ロ

☐ 時間 시간 si gan シ ガン	시간
☐ 温度 온도 on do オン ド	온도
☐ 注文 주문 chu mun チュ ムン	주문
☐ 運動 운동 un dong ウン ドン	운동
☐ 野球 야구 ya gu ヤ グ	야구
☐ 趣味 취미 chʰwi mi チュィ ミ	취미
☐ 読書 독서 tok so トㇰ ソ	독서
☐ 約束 약속 yak sok ヤㇰ ソㇰ	약속

外来語

- □ レストラン
  레스토랑
  le / su / tʰo / lang
  レ / ス / ト / ラン

- □ メニュー
  메뉴
  me / nyu
  メ / ニュ

- □ コーヒー
  커피
  kʰo / pʰi
  コ / ピ

- □ サラダ
  샐러드
  sel / lo / du
  セル / ロ / ドゥ

- □ ハンバーガー
  햄버거
  hem / bo / go
  ヘム / ボ / ゴ

- □ ホテル
  호텔
  ho / tʰel
  ホ / テル

- □ シャワー
  샤워
  sya / wo
  シャ / ウォ

- □ モーニングコール
  모닝콜
  mo / ning / kʰol
  モ / ニン / コル

PART 3 ◆ 韓国語でしか使わないハングル

- □ タクシー
  택시
  tʰek / si
  テク / シ

- □ バス
  버스
  po / su
  ポ / ス

- □ オートバイ
  오토바이
  o / tʰo / ba / i
  オ / ト / バ / イ

- □ ターミナル
  터미널
  tʰo / mi / nol
  ト / ミ / ノル

- □ オフィス
  오피스
  o / pi / su
  オ / ピ / ス

- □ インターネット
  인터넷
  in / tʰo / net
  イン / ト / ネッ

- □ ファクス
  팩스
  pek / su
  ペク / ス

- □ エアコン
  에어콘
  e / o / kʰon
  エ / オ / コン

監修／石田美智代
編集担当／遠藤英理子（永岡書店）
編集・制作・DTP／有限会社テクスタイド
カバーデザイン／白畠かおり
カバーイラスト／林なつこ

『あいうえお』から覚える
いちばんやさしいハングル練習ノート入門編

監修者／石田美智代
発行者／永岡純一
発行所／株式会社永岡書店
　　　　〒176-8518 東京都練馬区豊玉上1-7-14
　　　　電話：03-3992-5155（代表）
　　　　　　　03-3992-7191（編集）

印　刷／アート印刷社
製　本／ヤマナカ製本

本書の無断複写・複製・転載を禁じます。
落丁本・乱丁本はお取り替えいたします。㊱

ISBN978-4-522-43100-9 C2087